重大法学文库

金融素养的
法律实现机制研究

刘乃梁　等◎著

中国社会科学出版社

图书在版编目（CIP）数据

金融素养的法律实现机制研究／刘乃梁等著．—北京：中国社会科学出版社，
2023.3

（重大法学文库）

ISBN 978-7-5227-1491-2

Ⅰ.①金… Ⅱ.①刘… Ⅲ.①金融法—研究—中国 Ⅳ.①D922.280.4

中国国家版本馆 CIP 数据核字（2023）第 035257 号

出 版 人	赵剑英
责任编辑	梁剑琴
责任校对	夏慧萍
责任印制	郝美娜

出　　版	中国社会科学出版社
社　　址	北京鼓楼西大街甲 158 号
邮　　编	100720
网　　址	http://www.csspw.cn
发 行 部	010-84083685
门 市 部	010-84029450
经　　销	新华书店及其他书店

印　　刷	北京君升印刷有限公司
装　　订	廊坊市广阳区广增装订厂
版　　次	2023 年 3 月第 1 版
印　　次	2023 年 3 月第 1 次印刷

开　　本	710×1000　1/16
印　　张	12.25
插　　页	2
字　　数	207 千字
定　　价	78.00 元

出版寄语

　　《重大法学文库》是在重庆大学法学院恢复成立十周年之际隆重面世的，首批于 2012 年 6 月推出了 10 部著作，约请重庆大学出版社编辑发行。2015 年 6 月在追思纪念重庆大学法学院创建七十年时推出了第二批 12 部著作，约请法律出版社编辑发行。本次为第三批，推出了 20 本著作，约请中国社会科学出版社编辑发行。作为改革开放以来重庆大学法学教学及学科建设的亲历者，我应邀结合本丛书一、二批的作序感言，在此寄语表达对第三批丛书出版的祝贺和期许之意。

　　随着本套丛书的逐本翻开，蕴于文字中的法学研究思想花蕾徐徐展现在我们面前。它是近年来重庆大学法学学者治学的心血与奉献的累累成果之一。或许学界的评价会智者见智，但对我们而言，仍是辛勤劳作、潜心探求的学术结晶，依然值得珍视。

　　掩卷回眸，再次审视重大法学学科发展与水平提升的历程，油然而生的依然是"映日荷花别样红"的浓浓感怀。

　　1945 年抗日战争刚胜利之际，当时的国立重庆大学即成立了法学院。新中国成立之后的 1952 年院系调整期间，重庆大学法学院教师服从调配，成为创建西南政法学院的骨干师资力量。其后的 40 余年时间内，重庆大学法学专业和师资几乎为空白。

　　在 1976 年结束"文化大革命"并经过拨乱反正，国家进入了以经济建设为中心的改革开放新时期，我校于 1983 年在经济管理学科中首先开设了"经济法"课程，这成为我校法学学科的新发端。

　　1995 年，经学校筹备申请并获得教育部批准，重庆大学正式开设了经济法学本科专业并开始招生；1998 年教育部新颁布的专业目录将多个部门法学专业统一为"法学"本科专业名称至今。

1999 年我校即申报"环境与资源保护法学"硕士点，并于 2001 年获准设立并招生，这是我校历史上第一个可以培养硕士的法学学科。

值得特别强调的是，在校领导班子正确决策和法学界同人大力支持下，经过校内法学专业教师们近三年的筹备，重庆大学于 2002 年 6 月 16 日恢复成立了法学院，并提出了立足校情求实开拓的近中期办院目标和发展规划。这为重庆大学法学学科奠定了坚实根基和发展土壤，具有我校法学学科建设的里程碑意义。

2005 年，我校适应国家经济社会发展与生态文明建设的需求，积极申报"环境与资源保护法学"博士学位授权点，成功获得国务院学位委员会批准。为此成就了如下第一：西部十二个省区市中当批次唯一申报成功的法学博士点；西部十二个省区市中第一个环境资源法博士学科；重庆大学博士学科中首次有了法学门类。

正是有以上的学术积淀和基础，随着重庆大学"985 工程"建设的推进，2010 年我校获准设立法学一级学科博士点，除已设立的环境与资源保护法学二级学科外，随即逐步开始在法学理论、宪法与行政法学、刑法学、民商法学、经济法学、国际法学、刑事诉讼法学、知识产权法学、法律史学等二级学科领域持续培养博士研究生。

抚今追昔，近二十年来，重庆大学法学学者心无旁骛地潜心教书育人，脚踏实地地钻研探索、团结互助、艰辛创业的桩桩场景和教学科研的累累硕果，仍然历历在目。它正孕育形成重大法学人的治学精神与求学风气，鼓舞和感召着一代又一代莘莘学子坚定地向前跋涉，去创造更多的闪光业绩。

眺望未来，重庆大学法学学者正在中国全面推进依法治国的时代使命召唤下，投身其中，锐意改革，持续创新，用智慧和汗水谱写努力创建一流法学学科、一流法学院的辉煌乐章，为培养高素质法律法学人才，建设社会主义法治国家继续踏实奋斗和奉献。

随着岁月流逝，本套丛书的幽幽书香会逐渐淡去，但是它承载的重庆大学法学学者的思想结晶会持续发光、完善和拓展开去，化作中国法学前进路上又一轮坚固的铺路石。

陈德敏

2017 年 4 月

目　　录

导　论

金融素养（Financial Literacy），是指金融消费者应当具备的理解金融产品概念和风险、做出理性金融决策、有效获得金融支持与帮助等增进个人金融福利的能力。[①] 2008 年国际金融危机之后，发达国家均运用法律和政策手段，通过金融消费者保护机构推行公共金融素养提升战略以应对金融创新背景下金融市场发展的挑战与冲击。在国际社会的努力之下，金融素养逐渐成为金融全球化语境下的重要政策议题。美国早在 2003 年依照《公平交易与信用核准法案》设立金融素养与教育委员会，并在《多德—弗兰克法案》颁布之后推行"促进美国金融成功：金融素养国家战略"（2011）；英国金融服务管理局依据《2000 年金融与服务市场法》和《2010 年金融服务法》先后推行"英国金融能力：持续改变"（2006）和"金钱咨询服务"（2011）两项旨在提升国民金融素养的国家战略；除此之外，澳大利亚、加拿大、韩国、日本等国均由政府主导推行金融素养国家战略、实施计划或特别行动规划。值得一提的是，经合组织下设金融教育国际网络在 2008—2016 年发布与金融素养培育相关的 30 余份研究报告和行动指南，形成关于金融素养评估、评价和促进的常态机制，在国际范围内推动金融素养制度环境的改善。在现有监管与法律框架内推行金融素养是各国实践的普遍做法，金融素养也因此从单纯的智识供给衍生为政策制度。

[①] G20/OECD, *Advancing National Strategies for Financial Education*, 2013, OECD.

一　研究基础与趋势

（一）国外研究概览

总体而言，国外学者关于金融素养的研究主要体现在以下几个方面：

第一，金融素养的功能性解读。国外学者从金融排斥、金融普惠、金融自由和金融减贫等话语体系出发，论述了金融素养的功能性与实效性。研究结论显示金融素养致力于将消费者转变为具备责任意识和充分权能的市场参与者，有意愿、有能力理性处理信贷、保险、存款和投资等金融市场事宜。[①] 因此，它往往被视为促进金融消费者福利和防止掠夺性贷款的重要工具。[②] 诚然，金融素养也面临着有效性质疑：一方面，学者们从金融消费违约的事实出发，认为问题解决的关键在于消费信贷和破产法律的完善，[③] 有必要在金融素养培育外施加更多的金融惩戒；[④] 另一方面，金融素养战略的高成本及其可能引发的"自由主义泛滥"和"消费者强权"为金融素养培育的实效性蒙上阴影。[⑤]

第二，金融素养的时代性剖析。研究发现，"金融文盲人口"在经济萧条中扮演着关键角色，[⑥] 因此金融素养培育在后危机时代被视为一种普

---

① Lauren E. Willis, "Evidence and Ideology in Assessing the Effectiveness of Financial Literacy Education", *San Diego Law Review*, Vol. 46, No. 2, May–June 2009, pp. 415–458.

② Joseph A. Smith Jr., "Financial Literacy, Regulation and Consumer Welfare", *North Carolina Banking Institute*, Vol. 8, 2004, pp. 77–100.

③ Jacob Ziegel, "Financial Literacy and Insolvent Consumers: It Takes Two to Tango", *Canadian Business Law Journal*, Vol. 51, 2011, pp. 380–393.

④ John A. E. Pottow, "Financial Literacy or Financial Castigation", *Canadian Business Law Journal*, Vol. 51, No. 3, September 2011, pp. 394–406.

⑤ Lauren E. Willis, "Against Financial–Literacy Education", *Iowa Law Review*, Vol. 94, No. 1, November 2008, pp. 197–286.

⑥ Kyle Schickel, "Financial Literacy Education: Simple Solutions to Mitigate a Major Crisis", *Journal of Law & Education*, Vol. 45, No. 2, Spring 2016, pp. 259–268.

遍的、简单的和必要的对策方案。① 发达国家通过金融素养应对金融过度行为，而发展中国家可以通过金融素养实现金融市场政策的推行和个人金融困境的改变，促进国家经济增长。②

第三，金融素养培育中的政府角色。在国外的理论和实践之中，金融素养被视为一种新的金融监管手段，其中政府角色包括推进具体项目、确认信息和工作流程、通过教育提高金融福利、发展与工业和社区的合作关系等。③ 金融素养战略的有效推行不在于消费者授权的多寡，而是在于通过监管权力运作提高金融机构对金融素养提升的"责任意识"。④ 部分学者亦从逆向思维出发论证金融素养培育中政府角色的关键性，认为政策不当运用和配套制度的缺失会造成金融素养培育机构的"名存实亡"，减损金融素养参与主体的激励，最终丧失金融素养的制度功能。⑤

第四，金融素养培育的制度模式。国外学者提出三种制度进路：其一，权利主导模式：金融素养培育应当改革传统的增权模式，通过私法与公法规制的融合聚焦消费者受教育权的实现。学者主要从消费者的信息权利出发，强调消费者合同中信息披露义务的强化，⑥ 明确金融产品和服务

① Lauren E. Willis, "Evidence and Ideology in Assessing the Effectiveness of Financial Literacy Education", *San Diego Law Review*, Vol. 46, No. 2, May–June 2009, pp. 415–458; Gerry Gallery, Natalie Gallery, "Rethinking Financial Literacy in the Aftermath of the Global Financial Crisis", *Griffith Law Review*, Vol. 19, No. 1, 2010, pp. 30–50.

② Ghirmai Kefela, "Implications of financial literacy in developing countries", *African Journal of Business Management*, Vol. 5, No. 9, May 2011, pp. 3699–3705.

③ Gerry Gallery, Natalie Gallery, "Rethinking Financial Literacy in the Aftermath of the Global Financial Crisis", *Griffith Law Review*, Vol. 19, No. 1, 2010, pp. 30–50.

④ Toni Williams, "Empowerment of Whom and for What: Financial Literacy Education and the New Regulation of Consumer Financial Services", *Law & Policy*, Vol, 29, No. 2, April 2007, pp. 226–256.

⑤ Saul Schwartz, "The Canadian Task Force on Financial Literacy: Consulting without Listening", *Canadian Business Law Journal*, Vol. 51, No. 3, September 2011, pp. 338–360; Mary Anne Waldron, "Unanswered Questions about Canada's Financial Literacy Strategy: A Comment on the Report of the Federal Task Force", *Canadian Business Law Journal*, Vol. 51, No. 3, September 2011, pp. 361–379.

⑥ Jeanne M. Hogarth, Elen A. Merry, "Designing Disclosures to Inform Consumer Financial Decisionmaking: Lessons Learned from Consumer Testing", *Federal Reserve Bulletin*, Vol. 97, No. 3, August 2011, pp. 1–27; Daniel Carpenter, Patricia A. McCoy, "Keeping Tabs on Financial Innovation: Product Identifiers in Consumer Financial Regulation", *North Carolina Banking Institute*, Vol, 18, No. 1, November 2013, pp. 195–226.

的信息最低标准，提高信息的有效性、客观性和充分性，顺应大数据时代之发展必要。① 其二，社会协作模式：金融市场的复杂性、金融素养的系统性和金融教育的多载体性决定应当在政府主导之外提升以金融机构、机构雇员、行业协会、专业团体和其他组织为代表的相关主体的参与热情，② 促进课堂教学、信息网站、教育咨询服务，和以美国华盛顿为代表的金融教育公私合作关系（PEPPP）等多元实现方式的运作。③ 其三，特殊群体对策研究：国外学者针对低收入者、学生等特殊群体的金融素养培育提出旨在减轻金融排斥，强化金融普惠的对策方案，④ 并通过成年人和青年人的群体区分，实现金融素养培育的针对性供给。⑤

（二）国内研究概览

我国政府历来重视金融消费者的教育与引导，提高国民金融素养是我国金融业安全健康发展的可靠保证。⑥ 2013 年央行会同银监会、证监会和保监会研究制定《中国金融教育国家战略》，央行金融消费者权益保护局也从同年开始每隔两年发布《消费者金融素养调查分析报告》；相继出台的《银行业消费者权益保护工作指引》（2013）、《关于加强金融消费者权益保护工作的指导意见》（2015）和《金融消费者权益保护实施办法》

① Veronica K. McGregor, Sophia Helena Calderon, Roberta D. Tonelli, "Big Data and Consumer Financial Information", *Business Law Today*, Vol, 2013, No. 11, November 2013, pp. 1-4.

② Gail Pearson, "Reconceiving Regulation：Financial Literacy", *Macquarie Law Journal*, Vol. 8, 2008, pp. 45-58; Afton Cavanaugh, "Rich Dad vs. Poor Dad：Why Leaving Financial Education to Parents Breeds Financial Inequality & Economic Instability", *Children's Legal Rights Journal*, Vol. 34, No. 1, 2013, pp. 59-85.

③ Lauren E. Willis, "Evidence and Ideology in Assessing the Effectiveness of Financial Literacy Education", *San Diego Law Review*, Vol. 46, No. 2, May-June 2009, pp. 415-458.

④ Min Zhan, Steven G. Anderson, Jeff Scott, "Financial Knowledge of the Low - income Population：Effects of a Financial Education Program", *Journal of Sociology and Social Welfare*, Vol. 33, No. 1, March 2006, pp. 53-74.

⑤ John L. Murphy, "Psychosocial Factors and Financial Literacy", *Social Security Bulletin*, Vol. 73, No. 1, 2013, pp. 73-82; Ja'net L. Miles, "Focus on the Children, Help the Economy：The Importance of including Financial Education in Kansas Graduation Requirements", *Kansas Journal of Law & Public Policy*, Vol. 24, No. 1, Fall 2014, pp. 136-155.

⑥ 周小川：《普及金融教育 提高国民金融素质》，《中国金融》2007 年第 3 期。

（2016）从维护金融消费者受教育权、完善监督管理体制、贯彻"预防为先、教育为主"原则等方面明确提升金融素养的重要性。金融素养作为一种预防性保护措施业已成为金融消费者保护的有效补充方案。① 具体来看，我国学者关于金融素养命题的研究主要表现在以下三个方面：

第一，内嵌于金融消费者保护的金融素养探讨。学界普遍认为，伴随着投资者向消费者的角色嬗变，加强对自然人的金融知识教育，是实现金融包容，维护金融消费者合法权益的重要内容。② 专业知识不足是金融消费者弱势地位的集中体现，应当通过法律机制的设计，强调金融消费者教育，纠正和补救专业知识不对等。③ 更多学者从"权利—义务—责任"框架出发，明确受教育权对金融普惠进程的助益，④ 积极探讨金融机构说明义务和信息披露义务的落实，⑤ 强化政府在金融素养推进中的必要责任。⑥

第二，金融素养对金融活动影响的测量与评估。部分学者对上海、福建等地区进行定量评估，研究结论显示金融素养缺失是金融消费者群体面临的普遍问题，年龄、学历、收入和职业成为影响金融素养的重要因素。⑦ 作为一项特定的人力资本，金融素养能够改善投资者的信息处理能

---

① 王华庆：《有效开展金融消费者教育》，《中国金融》2013 年第 22 期。

② 郭丹：《金融消费者之法律界定》，《学术交流》2010 年第 8 期；陈洁：《投资者到金融消费者的角色嬗变》，《法学研究》2011 年第 5 期；邓纲：《金融消费者保护体制及其相关问题》，《法学杂志》2012 年第 5 期；焦瑾璞：《金融消费者概念的内涵与外延》，《中国金融》2013 年第 8 期。

③ 赵煊、魏建：《金融消费者保护理论述评》，《东岳论丛》2012 年第 3 期；邢会强：《金融消费者的法律定义》，《北方法学》2014 年第 4 期。

④ 顾肖荣、陈玲：《试论金融消费者保护标准和程序的基本法律问题》，《政治与法律》2012 年第 6 期；胡文涛：《普惠金融发展研究：以金融消费者保护为视角》，《经济社会体制比较》2015 年第 1 期。

⑤ 杨东：《论金融服务统合法体系的构建——从投资者保护到金融消费者保护》，《中国人民大学学报》2013 年第 3 期；阳建勋：《大而不倒、利益冲突与权义平衡——系统重要性金融机构监管制度的法理构造》，《现代法学》2014 年第 3 期。

⑥ 杜晶：《"金融消费者"的界定及其与金融投资者的关系》，《中国青年政治学院学报》2013 年第 4 期。

⑦ 王宇熹、范洁：《消费者金融素养影响因素研究——基于上海地区问卷调查数据的实证分析》，《金融理论与实践》2015 年第 3 期。

力，降低家庭金融市场的参与成本，有利于理性金融决策的做出。[1] 金融素养过度自信会也会增加风险偏好，提高相关金融市场非理性行为的生成率。[2] 通过金融知识的普及教育，提高金融消费者自我评估的能力，减少消费者因自身专业知识的不足而对金融机构产生的依赖与盲目信任，可以从根本上维护金融消费者利益免受损害。[3]

第三，我国金融素养培育的发展路径。相关研究倡导通过金融素养提升和法律义务植入实现金融消费者维护的"双轨制"。[4] 更多学者注重金融消费者教育的有效性和针对性，提出了强化消费信息披露、建立金融消费者受教育权制度、完善金融素养培育部门沟通协调机制等发展方案。[5] 有学者提出通过引入第三方机构开展消费者金融教育、建立与金融消费者分级保护制度相适应的金融素养战略等特色制度路径。[6] 此外，亦有学者针对互联网金融、大学生消费信贷和消费金融领域的特殊金融素养培育问题提出针对性制度方案。[7]

（三）研究趋势展望

数字经济的蓬勃发展不断刷新人们对于交易方式的认知，"互联网+

---

[1] 刘丹、朱涛、李苏南：《大学生金融态度与金融行为研究——基于家庭教育的视角》，《教育学术月刊》2015 年第 6 期。

[2] 胡振、臧日宏：《金融素养过度自信影响股票市场参与吗？——基于中国城镇家庭的微观数据》，《北京工商大学学报》（社会科学版）2016 年第 6 期。

[3] 赵煊：《认知偏误对金融消费者保护的影响——以零售金融产品为例》，《经济研究》2011 年第 S1 期。

[4] 林越坚：《金融消费者：制度本源与法律取向》，《政法论坛》2015 年第 1 期；冯果、袁康：《走向金融深化与金融包容：全面深化改革背景下金融法的使命自觉与制度回应》，《法学评论》2014 年第 2 期。

[5] 王兆星：《强化金融消费者保护——国际金融监管改革系列谈之十》，《中国金融》2013 年第 21 期；呼建光、毛志宏：《金融消费者保护：经济理论与法律形式》，《社会科学》2013 年第 2 期；高田甜、陈晨：《金融消费者保护：理论解析、政府职能与政策思考》，《经济社会体制比较》2015 年第 1 期。

[6] 张幼芳：《金融消费者的认知偏差与保护路径探讨》，《福建论坛》（人文社会科学版）2015 年第 1 期；曹守晔、张钱：《金融消费者分级保护制度的法律规则构架》，《社会科学辑刊》2014 年第 4 期。

[7] 田霖：《互联网金融视阈下的金融素养研究》，《金融理论与实践》2014 年第 12 期；朱琳：《大学生消费信贷的互联网衍生及其规制逻辑》，《金融发展研究》2016 年第 7 期。

金融"的深度融合在提升市场效率、传导社会福利的同时，也为消费者金融素养培育带来新的挑战。农村、校园等特殊领域，妇女、老人等特殊群体的金融素养培育开始受到学界的广泛关注。顺应金融数字化潮流，厘清金融素养培育的制度脉络成为未来制度拓展的重要方向。具体来看，近年来金融素养相关研究的趋势表现在：

第一，数字经济下金融素养的培育。相关研究普遍认为数字经济与金融科技的蓬勃发展对国民金融素养的提升产生了显著的正面影响，[①] 在拓宽金融教育传播平台的同时，数字普惠金融亦扩大了金融产品的覆盖范围。[②] 有学者以数据调查与模型验证进行实证分析，指出互联网金融通过线上与线下互动两条路径完成对国民金融素养的提升，这种影响在不同年龄、学历、性别群体之间存在较大差异，在不同收入群体间则无显著差别。[③] 基于数字技术衍生之"社会不平等"，有学者以数字鸿沟为切入点，从数字技术接入、使用、信息三个层次具体研究了金融素养的世代差异。[④] 此外，在金融科技浪潮的推动下，部分学者将金融素养内嵌于居民创业、农村经济、家庭投资等场域中进行探讨。[⑤]

第二，金融素养与大学生金融行为探析。学者借助抽样问卷调查对大学生理财规划能力、货币交易知识和金融教育情况进行调研，评价与分析该群体的金融素养现状及影响因子，对其金融素养提升机制提出建议。[⑥] 有学者

---

① 魏丽萍、陈德棉、谢胜强：《互联网金融投资决策：金融素养、风险容忍和风险感知的共同影响》，《管理评论》2018 年第 9 期。

② 严雨薇：《数字金融助推居民金融素养提升探究》，《科技创业月刊》2021 年第 7 期。

③ 王英、单德朋、庄天慧：《中国城镇居民金融素养的性别差异——典型事实与影响因素》，《中南财经政法大学学报》2019 年第 5 期；张正平：《互联网使用对居民金融素养的影响》，《北京工商大学学报》（社会科学版）2021 年第 6 期。

④ 艾云、赵思博、李祥：《数字鸿沟背景下金融素养的世代差异研究——一个链式多重中介效应分析》，《东南大学学报》（哲学社会科学版）2021 年第 5 期。

⑤ 吴卫星、吴锟、王琎：《金融素养与家庭负债——基于中国居民家庭微观调查数据的分析》，《经济研究》2018 年第 1 期；孙萌、罗荷花：《金融素养对农民参与商业健康保险行为的影响研究》，《甘肃金融》2021 年第 10 期；陈晓芳、杨建州：《数字金融能否提高居民创业的成功率？》，《福建论坛》（人文社会科学版）2021 年第 8 期。

⑥ 姚秋红、金倩、朱娟：《大学生金融素养的提升研究》，《经济研究导刊》2018 年第 22 期；王文杰：《金融素养与大学生金融行为探析——以厦门地区调查数据为例》，《纳税》2019 年第 27 期。

认为学生对理财方式的认知存在偏倚，长期支出规划执行能力较弱，部分基本金融知识缺失，但所处家庭金融氛围普遍较好，高等学校在营造金融环境方面仍有提升空间。[①] 针对"互联网+金融"对大学生市场的覆盖，有学者根据"Logistic"模型分析了大学生互联网消费金融信用风险，指出互联网金融使用频率、月消费金额、专业年级、学习成绩、逾期还书情况等经济情况与个人道德水准均对其有影响。[②]

第三，金融素养提升的新路径。有学者提出针对不同特征的金融消费者群体设计有针对性的金融知识普及方案，依据受教育程度、收入、职业、年龄和地域等因素提出差异化方案，[③] 其中老年人、大学生群体金融素养受到研究者的特别关注。[④] 更有学者在"负责人金融"理念的指引下，提出利用互联网信息技术与大数据建立"以个人为中心"覆盖全民的消费者金融素养评价体系与金融健康档案，破除数据孤岛与数字鸿沟。[⑤] 此外，针对金融教育纳入国民教育序列的实践议题，学者从不同角度给出诸多实施方案，例如编制统一普及读物、确立金融素养终身学习体系以及出台"金融教育规划（2021—2025）"设想等。[⑥]

二 研究价值与目标

本书的理论价值表现在：第一，相关研究未能厘清国外金融素养发展

[①] 邹婷婷、赵伯瑞、彭艳斌：《我国东部地区大学生金融素养调研报告》，《沈阳农业大学学报》（社会科学版）2019 年第 4 期。

[②] 张燕逸：《大学生互联网消费金融信用风险影响因素研究》，硕士学位论文，西安外国语大学，2017 年；徐赏、胡耀、王珂、方海峰：《大学生金融态度研究与金融教育建议——以江苏省部分高校为例》，《时代金融》2020 年第 35 期。

[③] 刘国强：《我国消费者金融素养现状研究——基于 2017 年消费者金融素养问卷调查》，《金融研究》2018 年第 3 期。

[④] 吴晓艳：《老年人金融消费权益保护的实践与对策》，《金融纵横》2021 年第 6 期；徐赏、胡耀、王珂、方海峰：《大学生金融态度研究与金融教育建议——以江苏省部分高校为例》，《时代金融》2020 年第 35 期。

[⑤] 赵永红：《共同富裕下的"负责任金融"理念》，《中国金融》2021 年第 20 期。

[⑥] 巫伍华、李显耀、涂诗琪：《日本金融知识普及教育经验及对我国的启示》，《福建金融》2020 年第 7 期；赵永红：《共同富裕下的"负责任金融"理念》，《中国金融》2021 年第 20 期。

脉络。本书拟以经合组织研究报告为样本，系统阐释国外金融素养法律制度的衍生脉络，尤其是金融素养培育中的法规引导、机构运作以及相关配套制度设计等。第二，相关研究有待明确金融素养的法治嵌入路径。本书着眼于消费者权利体系，以"权力—权利"的法权结构为线索，探索金融素养法律制度完善的权利诉求和权力转型，将金融素养培育落实到监管权设计和消费者权利维护的法律体系之中。第三，相关研究未能整合多学科研究成果。本书拟吸收最新经济学和社会学研究结论，完善消费者预防性保护体系。

本书的实践价值表现在：第一，国内金融素养培育仍处于宣示阶段，本书顺应后危机时代金融监管变革的国际趋势，从多学科视角出发论述金融素养的法律实现机制，有效推进我国金融教育国家战略。第二，已有研究未重视统计工具的运用，未能运用大数据时代的数据分析方法为命题的破解提供参考。本书拟从大数据时代变革视角出发为公共和特殊群体的金融素养培育提供针对性诊断。第三，尽管有学者质疑金融素养培育的实效性，但是这些质疑源于监管机构的权力空置和培育制度的不合理设计。本书拟综合金融法和消费者权益保护法基本原理为金融素养法律实现提出具体的制度措施。

本书的研究目标为：第一，以国际金融素养和金融消费者维护经验为模板，系统论证金融素养培育的合理性与实效性；第二，以消费者权利理论为基础（以消费者权利状态为线索），在现有权力框架和社会关系逻辑下探寻提升金融素养的多元制度路径；第三，以我国金融市场发展中的特殊问题为导向，探索特殊群体金融素养培育的针对性方案。

三　研究框架与内容

本书以金融素养的法律实现为核心命题，依照"制度原理—实践源流—场景应用"的逻辑思路，对金融素养培育发展的理论与现实背景、国际制度经验、现实发展困境、未来理念协调与制度完善等命题展开论述。

本书共分六章，具体内容为：

第一章　金融市场主体赋能的制度理据。金融素养逐渐成为金融市场可持续发展的重要议题，然而其机制深化正接受来自理论与实践的双重审视。从提升制度效能的功能要义出发，厘清金融素养培育与金融深化、金融监管、金融法治的关系成为必然。本章大体沿袭时间脉络，首先阐述了金融市场主体赋能的价值缘起，金融消费主体行为的系统性偏差突破了"经济人"的长期假设，为金融消费主体个人金融素养的提升提供了理论支撑；同时金融法领域预防性保护制度设计的兴起，助力金融市场主体赋能改进传统金融消费者保护中家长式保护的不足；金融市场深化亦增加了金融主体素养培育的必要性。其次，本章结合现实中国内及域外的探索实践，指出作为社会整体能力的金融素养培育应顺应国际监管制度的变迁，在政府、市场、社会维度下各有侧重；金融素养培育难担根除市场风险之重任，其实践在强调政府职能与社会责任中完成法律父爱主义的转型，寻求法治化框架下的可持续性制度。最后，本章展望了未来金融素养培育的制度化发展，提出完善金融素养培育的着力点。

　　第二章　金融素养国际探索的制度因应。本章内容主要围绕着域外金融素养的经验借鉴开展。世界上多数国家面临金融主体金融素养缺失的问题，各国政府积极倡导金融素养培育的制度推行，在国别实践之外，金融素养培育的国际合作亦日趋频繁，孕育出多项现实成果。因此本章立足于金融素养培育国际合作的实践源流，在静态框架与动态变迁的分析基础上，剖析金融素养培育实践的关键制度节点。本章梳理了金融素养从碎片化实践走向系统性理论、由辅助性工具成长为具备独立性价值、自个体知识学习到社会法制规范的动态过程，结合金融决策行为、消费者保护、差异化与回应化制度供给的视角，着眼于提升金融素养公共与私人制度并重的协同性以及普遍维护与特殊保护的实效性，为我国金融素养培育指明深化方向。

　　第三章　金融素养法律实现的现实瓶颈。本章从从严监管下校园金融市场的普惠追问切入，提出针对大学生群体校园金融市场而采取的严格监管路径并未实现校园金融市场的有效治理，导致了"主体关注有余，而能力提升不足"的治理思路偏离。作为普惠金融实现的重要手段，法律赋能创新了金融消费者保护路径，然而对大学生群体金融参与权的排斥、公平交易权的轻视以及受教育权的缺位隔绝了校园群体金融素养的提升与普惠金融目标的实现。于是本章就放开校园金融市场进行价值探讨，并回应校园金融市场秩序与创新、深化与发展以及包容与审慎等多元价值争议，最后提出设定包容审慎的监管理念，以金融素养培育实现校园金融市场主体塑造以及多元主体的协同共治等路径，为校园金融市场治理设定新方向。

第四章　金融素养法律实现的理念协调。本章从理念维度就金融素养与法律赋能展开讨论。抽逃于民商法"意思自治、各负其责"理论的传统投资者保护范式，采用片面化的权利倾斜性配置对投资者实行过度保护，具有明显的"法律父爱主义"色彩。然而，"买者自负"理念的现实回归，使得"重监管，轻教育"的投资者保护模式难以有效适应金融数字化转型的发展需求。法律赋能理论与金融公平理念为"买者自负"视阈下的投资者保护提供了新视角，例如以投资者为导向进行制度调适、强化金融教育等，均为投资者保护范式由被动的权力干预到能动的权利自觉提供转变路径。法律赋能以金融公平为度量，改造了过度强调卖方责任而忽视主体能力提升的规制逻辑，能够有效实现"买者自负"下金融素养与消费者权利保护的平衡再造。

第五章　金融素养法律实现的法权配置。本章主要涵盖了金融素养法律实现的法权需求、法权配置及其制度实现路径等内容。我国金融素养培育实践多呈现为"自上而下"的制度宣示，而这种借助行政权力的金融素养培育在法权逻辑下面临功能错位与可持续困境。故本章主要论述了在"权利—权力"的法权逻辑下，我国金融素养培育面临以金融教育倡导为主线的制度推进未能实现金融素养培育法治化、以受教育权为中心的制度配置未能实质介入我国金融监管体系的现实困境。基于此，本章通过厘定金融素养的语境演变、表达金融市场参与主体的新型权益主张，分析得出金融素养法治化的法权表达，于本章最后提出金融素养命题的解决与消费者权利保护中受教育权密切相关，以受教育权为中心的法权进路必定能为如何通过金融市场权力影响主体权利结构提供借鉴。

第六章　金融素养法律实现的制度展望。本章集中探讨了金融素养因应数字化转型的制度向导。数字化科技发展冲击金融市场转型，从线上银行运行到科技赋能金融脱媒，再到大数据推动人工智能决策、区块链等技术应用与数字货币的发行使用，金融市场不确定性与日俱增。因此安全、高效、普惠的理想金融市场愿景实现仍然面临着许多新型风险挑战，具体而言，本章涵盖了企业金融化普惠表象背后的高杠杆与高泡沫风险、数字技术发展构成的天然技术鸿沟加剧金融消费者金融排斥、大数据应用于金融领域金融消费者的金融数据安全受到威胁等内容，并且结合经合组织报告提出的规制方案，明确提出我国在数字金融时代金融消费者保护范式构建的具体措施：一是要在监管理念上予以检讨，二是在具体的监管措施实施过程中，明确监管主体以科技驱动监管规避技术风险，通过强制信息披露与推动金融教育深化双向举措，打破金融壁垒以适应金融市场数字化新形势。

第一章

金融市场主体赋能的制度理据

金融市场的深化发展在提升社会资源配置效率的同时，也引发金融消费者保护、系统性风险防范等监管难题。当金融日趋以一种复杂、难以被大众所直接理解的方式呈现时，消费主体素养的匹配程度就成为一个值得思考的现实命题。正如诺贝尔经济学奖得主罗伯特·希勒所言，"如果我们希望实现真正的金融大众化，金融从业者就必须教会普通人使用金融工具，使他们了解金融服务的覆盖范围，这些知识不应仅局限在金融专家的手中"[1]。受益于金融消费者保护思潮的觉醒，在后危机时代金融监管变革下，"多数人口的低水平金融素养正在促使越来越多的国家采取行动"[2]，我国也于 2013 年拟定金融教育国家战略，并于 2016 年正式建立"消费者金融素养问卷调查制度"。[3] 以经济合作与发展组织（Organization for Economic Co‑operation and Development，OECD）、世界银行（World Bank，WB）、国际证监会组织（International Organization of Securities Commissions，IOSCO）为代表的政府间国际组织出台多份研究报告与政策建议，力陈金融素养培育对全球金融市场稳定发展的重要性。金融素养逐渐

---

① ［美］罗伯特·席勒：《新金融秩序：如何应对不确定的金融风险》，束宇译，中信出版社 2014 年版，第 13 页。

② OECD&G20, *Advancing National Strategies for Financial Education*, Sept. 5, 2013, OECD, http：//www.oecd.org/finance/financial‑education/G20_OECD_NSFinancialEducation.pdf.

③ 2016 年 1 月 11 日，中国人民银行办公厅发布《关于建立消费者金融素养问卷调查制度（试行）的通知》，明确从 2017 年开始每两年进行一次消费者金融素养问卷调查。在此之前，中国人民银行金融消费者权益保护局曾于 2013 年、2015 年进行全国试点调查。

从一个单纯的智识、教育问题转变为金融市场可持续发展的基础性对策方案。诚然，金融素养的制度拓展也面临理论上的有效性质疑与实践中的形式化衍生，厘清金融素养培育与金融深化、金融监管、金融法治的关系逻辑是提升制度效能的前提要件。金融市场主体赋能的制度变迁因何而来、现有金融素养培育探索有何经验、未来的制度发展又存在何种挑战与机遇，本章将尝试做出解答。

一　赋能的理据：金融素养培育的逻辑起点

无论是时间跨度抑或理论深度，金融消费者保护是后危机时代国际舆论重要的反思议题。概览而言，金融消费者保护沿袭"消费者问题—消费者运动—消费者权利"的赋权思路，即在金融危机中发现消费主体权益的保护缺失，迎合金融领域焦点事件的消费者诉求，在法律与政策层面通过政府责任与经营者义务的落实推动"金融客户"向"金融消费者"的主体身份转变，实现金融消费者权益的倾斜保护。[1]

相比而言，赋能进路聚焦消费者金融素养的主观提升，在金融教育语境下寻求专业知识的大众化供给，进而提升消费者在金融交易中"真实"的议价能力。不同于赋权进路的普遍认同与体系推进，赋能进路在早期并未得到坚实的政策认同，但伴随着学界研究与国际探索的深入，"金融素养的积极影响在各个国家的不同群体中普遍存在"[2]，制度理路的日臻成熟为其成为金融消费者保护的"燎原之火"奠定基础。具体来看，金融消费者保护赋能进路的制度价值表现在：

（一）消费主体行为偏差的柔性矫正

行为经济学对新古典经济学"经济人"假设的突破为金融消费者保护重新锚定逻辑起点。在自由主义思潮的浸染下，新古典经济学信奉"市

---

① 阳建勋：《"金融消费者"概念生成的法社会学探析——消费者运动与金融危机耦合下的金融法变革及其本土资源》，《甘肃政法学院学报》2014 年第 1 期。

② Antonia Grohmann, Theres Klühs, Lukas Menkhoff, "Does Financial Literacy Improve Financial Inclusion? —Cross Country Evidence", *World Development*, Vol. 111, No. C, November 2018, p. 84.

场体系是一个自身具有内在逻辑的体系……市场经济是一部复杂而精良的机器"[1]，主张减少政府干预为市场主体的自利性活动提供宽松的制度空间。在理性、利己的主体画像下，司法领域也强调"不应把理性的投资者当作'笨蛋'……信息披露更不应该被量身定制为'适合乡巴佬的东西'，理性的投资者应当知道自身的财务底线"[2]。然而，行为经济学发现主体行为存在系统性偏差，这一现象因金融市场的复杂性而变得更为显著。英国金融行为监管局（Financial Conduct Authority，FCA）在相关报告中指出，金融零售市场在偏好、信念、决策三个维度存在诸如即时倾向、过分自信、经验法则等十项行为偏差（详见表1-1），[3] "金融机构不仅缺少帮助消费者纠偏的动力，反而在产品设计、销售过程中有意无意地加剧偏差，最终引发交易双方利益失衡"[4]。

表 1-1　　　　　　　　金融零售服务中的十种行为偏差和影响

类别	偏差	表现
偏好	现时偏见	人们可能会对眼前的满足有过度的渴望，高估现在而不是未来。由于消费者会在以后后悔这样的选择，所以他们的偏好是时间不一致的。当下偏见会导致自我控制问题，比如拖延症。 　　例释：过度借贷，例如，现在用发薪日贷款购买一台平板电脑，而没有考虑你将如何支付
	参照依赖与损失厌恶	消费者可能不会根据自己的权利来评估结果，而是相对于一个参考点来评估得失。从心理上讲，在相同的幅度下，人们对损失的感觉大约是对收益的两倍。因此，消费者低估收益，高估损失。但同样的结果可以被定义为收益或损失，这取决于对参考点的选择。所以消费者的选择可能是不稳定的，并且会随着参考点的选择而变化。 　　例释：认为附加保险很便宜，因为它和其他价格相对高得多的东西一起出售
	后悔与其他情绪	人们可能会采取行动来避免模棱两可或压力。他们的选择也会被暂时的强烈情绪（如恐惧）所扭曲。 　　例释：购买昂贵的保险来获得内心的平静，即使你不太可能需要它

---

① ［美］保罗·萨缪尔森、诺德豪斯：《宏观经济学》，萧琛译，人民邮电出版社2008年版，第23页。

② Black，Barbara，"Behavioral Economics and Investor Protection：Reasonable Investors，Efficient Markets"，*Loyola University Chicago Law Journal*，Vol. 44，No. 5，Summer 2013，p. 1494.

③ Erta，Kristine，Iscenko，Zanna，Hunt，Stefan and Brambley，Will，*Applying behavioural economics at the Financial Conduct Authority*，2013，UK Financial Conduct Authority.

④ 孙天琦：《金融消费者保护：行为经济学的理论解析与政策建议》，《金融监管研究》2014年第4期。

类别	偏差	表现
信念	过度自信	人们往往对好事发生的可能性或自己的能力，以及他们判断的准确性过于自信。 例释：过分相信自己挑选绩优股的能力
	过度外推	人们常常根据一些观察作出预测，而这些观察并不具有代表性。 例释：仅仅使用过去几年的回报作为判断未来回报和作出投资决定的基础，而不考虑过去的回报在多大程度上反映了机遇和特定的环境
	投射偏见	人们期望他们现在的品味和喜好会在未来继续下去，低估了改变的可能性。 例释：在长期合同中捆绑资金，而没有充分考虑在合同到期之前在困难情况下需要资金的可能性；或者没有意识到你将很难控制未来的信用卡消费
决策	心理账户与狭义分类	心理账户描述的是人们如何以不同的方式对待分配给不同目的的钱，而不是把所有的钱都看成一样的。这是一种偏见，因为货币是可替代的，也就是说，假日账户中的货币本质上和日常账户中的货币是一样的。在其他条件相同的情况下，消费者行为不应仅仅因为货币的标签不同而改变。 例释：人们对于储蓄和借款可能有不同的"心理账户"，即以低利率储蓄而以高利率借款。 狭义范围描述的是人们通常如何孤立地考虑他们所做的决定，而不将这些决定与其他影响他们整体财富和风险水平的决定整合在一起。 例释：对资产逐一进行投资决策，而不是考虑整个投资组合
	框架、显著与有限关注	由于人们的注意力有限，框架和显著度可以决定处理什么信息以及如何处理这些信息。 即使在两种情况下，特定选择的经济利益是相同的，消费者可能会根据决策问题的框架做出不同的选择，也就是说，它会引起人们的注意。是什么让一个特定的框架或解释导致了一个特定的选择，取决于触发反应的偏见。 还应注意一种情况的特别突出的方面，这些方面可以对选择产生显著影响。 例释：高估组合银行账户的价值，因为它以一种特别有吸引力的方式呈现，突出其好处，而忽略了收费
	经验决策规则	消费者通过采用特定的经验法则（启发式）来简化复杂的决策问题。大多数情况下，这些经验法则都是无意识的。例如，当人们从一系列选项中进行选择时，他们可能会选择最熟悉的、避免模糊或不确定的，或者选择列表上的第一个选项。当估计未知时，人们可能会将估计锚定在一些相关或不相关的数字上，然后从那里进行调整。 例释：在养老金计划中，将养老金池平均分配给所有可用的投资基金，而不是做出谨慎的分配决定
	说服与社会影响	社交互动中的情绪和规范很重要：消费者可能会让自己被说服或信任销售人员，因为他或她给人的印象是可爱的，因此值得信任。强调好的人格特质或过分强调坏的人格特质可能会取代理性的判断。 例释：因为顾问人员讨人喜欢而依赖他们的建议，不考虑佣金或其他经济激励对收到的顾问建议的影响

多数研究证明金融素养培育的制度实践不仅在微观上显著提升了家庭

金融水平，而且在宏观上有助于金融包容与金融深化。① 行为经济学结论的深化与认同促使主要国家监管机构围绕消费主体行为与交易信息供给展开制度纠偏。相较之下，主流金融消费者保护侧重对金融机构与产品的刚性干预，即单方面加重经营者义务，实现消费者的倾斜性保护；而新兴金融素养培育则更多仰仗消费者一端的柔性倡导。选择架构理论（Choice Architecture）认为，应当"帮助个人做出更好的选择（由决策者自己判断），而不将某些结果强加给任何人（自由意志家长式作风）"②。"知情的参与者有助于创建一个更有竞争力、更有效率的市场"③，金融教育在提升个人金融知识储备的同时也会提升金融决策理性，而个体理性的提升直接影响到市场与社会的整体福利溢出。

（二）预防性消费者保护的体系完善

"风险意识的核心不在当下，而在未来"④，受风险社会理论的影响，刑法、行政法、环境法等公共性法域均开始重视法律规范的预防性实施，金融法也不例外。现代金融风险的系统性特征为金融规制活动的开展制造诸多难题：金融消费者保护、影子银行、"大到不能倒"等问题的处置不仅耗费巨大的社会治理成本，而且也因事后介入的迟缓与低效而使规制权威遭受质疑。强化行为监管，将风险治理活动从事后治理丰富为事前预防既是对金融市场发展规律的回应，也是国际金融监管有效性提升的普遍趋势。⑤ 金融素养培育正是金融消费者保护领域典型的预防性制度实践。

在 2008 年国际金融危机的反思中，个人投资者的信息偏差、机构投资者的短视行为以及金融市场普遍性的素养缺失引致金融风险定价的

---

① 彭显琪、朱小梅：《消费者金融素养研究进展》，《经济学动态》2018 年第 2 期。

② Anne-Francoise Lefevre, Michael Chapman, *Behavioural Economics and Financial Consumer Protection*, OECD Working Papers on Finance, Insurance and Private Pensions No. 42, 2017, OECD, https：//dx. doi. org/10. 1787/0c8685b2-en.

③ Sandra Braunstein, Carolyn Welch, "Financial literacy：an overview of practice, research, and policy", *Federal Reserve Bulletin*, Vol. 88, Issue 11, 2002, p.445.

④ ［德］乌尔里希·贝克：《风险社会：新的现代性之路》，张文杰、何博闻译，译林出版社 2018 年版，第 24 页。

⑤ 王勋、黄益平、陶坤玉：《金融监管有效性及国际比较》，《国际经济评论》2020 年第 1 期。

非理性。① 金融素养培育与信息披露、投诉保障共同构成市场监管责任提升的重要向度。② 金融素养的主体赋能在相当程度上缓释了传统金融消费者保护的父爱主义诟病。金融素养的预防性导向不局限于交易逻辑，更多注重以金融功能实现为中心的社会逻辑。虽然在现有金融素养的制度实践中，交易体系内强化金融机构的信息责任是较为常见的发展进路，但是多数实践更加重视在社会体系内寻求金融素养培育的资源统筹。金融市场对实体经济与社会进步的节点效应，促使金融素养的"预防"功效不仅仅表现为对违法行为的防范，更表现为金融普惠与深化进程中理性决策行为的事前孵化。事前预防与事后倾斜的相得益彰促使金融消费者保护体系的完善。

（三）主体责任提升的基础设施匹配

金融素养的制度培育并非金融危机发生以来偶然的、随意的对策尝试，而是具备理论与现实基础的系统性制度建构。不同于法律、信用、结算等金融市场基础设施的平台载体属性，旨在主体赋能的金融素养培育往往会因内涵模糊与制度游离而成为金融市场变迁中无关紧要的宣示性环节。但是，金融市场深化引发的理论与实践变革为金融素养培育奠定了回应性、基础性与替代性的功能定位，主体赋能逐渐成为具有"基础设施"属性的金融深化制度工具。尽管经济学内部对金融知识与决策理性、个体理性与集体理性的计量证据始终存在争议，但是"金融素养教育实务和立法发展迅速，使其理论研究远远落后于实务发展"③。面对民众金融素养普遍缺失的现实，各国政府开始提升金融素养在金融深化与监管变革中的优先顺位，而在后危机时代金融发展引发财富不均的舆论声讨中，金融素养培育作为金融民主思潮的回应得到国际社会的推崇，主体赋能中的民主逻辑提升逐渐消弭了经济学争议引发的发展质疑。

进而言之，金融素养培育的政策关切源于金融市场制度变迁引发的个人金融责任提升。在金融市场的诱致性变迁中，系统性的金融产业链条客

---

① Gerry Gallety, Natalie Gallery, "Rethinking Financial Literacy in the Aftermath of the Global Financial Crisis", *Griffith Law Review*, Vol. 19, No. 1, 2010, pp. 30-31.

② Niamh Moloney, "Regulating the Retail Markets: Law, Policy, and the Financial Crisis", *Current Legal Problems*, Vol. 63, No. 1, 2010, p. 447.

③ 王宇熹、杨少华：《金融素养理论研究新进展》，《上海金融》2014 年第 3 期。

观上促成了金融产品与服务的复杂性提升，金融消费者在金融深化的视域下应当具备更好的金融素养水平，以降低因信息鸿沟而引发的金融排斥、交易侵权等现实问题。在金融市场的强制性变迁中，金融素养培育是金融普惠与深化政策推行中的重要辅助工具。在小微信贷、农村金融等普惠领域，主体赋能是缓和金融排斥、促进金融深化的制度性工具。在社会保障领域，"养老金制度已经变得不那么慷慨，相当一部分风险和责任已经从政府转嫁到私人家庭"①，美国、意大利、德国等国均将原有退休后的固定收益计划转变为以个人投资选择的投资理财计划。劳动保障系统的公共责任输出使得个人面临比之以往更大的财务责任，而作为制度变迁的缓冲地带，金融素养培育成为主体赋能下政府公共责任的替代解决方案。

二　赋能的探索：金融素养培育的制度流变

从理论走向实践，金融消费者赋能的实现取决于适时的制度调试与多元的资源统筹。金融素养在不同国家表现出各异的培育动机，在不同历史阶段也面临着差异化的现实问题。借助经济全球化与国际组织监管标准的推动，在金融知识与市场发展的供需博弈中，金融素养培育逐渐表现出趋同的制度缘由与相近的制度理路。

（一）从知识到素养：金融素养的实践演进

从时间线索观之，金融市场的主体赋能实践远远早于金融消费者身份的法律认同。② 在"年轻人缺乏基础理财技能将无法应对未来发展财务

---

① Henriette Prast, Arthur Soest, "Financial literacy and preparation for retirement", *Intereconomics*, Vol. 51, No. 3, 2016, p. 113.

② 美国在 1997 年就出现了致力于中小学生金融知识提升的民间组织——个人金融素养启动联盟（Jump $ tart Coalition for Personal Financial Literacy）；2003 年更是依据《公平准确信用交易法案》（*the Fair and Accurate Credit Transactions Act of 2003*）成立金融素养与教育委员会（The Financial Literacy and Education Commission），将金融素养培育提升至国家战略层面。在国际社会层面，经合组织于 2005 年发布《金融教育和认识的原则与良好实践的建议》（*Recommendation on Principles and Good Practices for Financial Education and Awareness*），指出消费者金融知识水平较低，号召成员国开展与金融教育相关的制度实践。

高风险"① 的假设下，金融市场的主体赋能肇始于向学生传授金融市场基本知识。早期校园金融领域的碎片化尝试更多仰仗课程设计、学生主观能动性等非制度性因素。在 2008 年国际金融危机的反思中，"金融风险的系统性与个人投资的盲目性凸显在监管与政策维度提升金融素养培育的重要性"②。从特定的场景智识走向普遍的社会能力，立足于金融市场主体整体赋能的素养培育开始成为金融消费者保护的重要旨趣。诚然，金融素养培育的高成本也使得各国在制定金融教育国家战略之时确立优先事项，经合组织也建议各国应当针对实际金融问题进行个性化的金融素养培育制度供给。"对妇女、低收入群体和受教育程度较低的人来说，他们的金融知识水平较低，历来是政府金融素养培育的优先目标。"③ 受此影响，金融素养培育逐渐聚焦校园金融、养老金融与普惠金融等核心领域，在与金融包容、投资者保护、负责任金融等新近金融监管理念变革思潮的融合中不断寻求制度突破。值得一提的是，近年来，"金融产品和服务的数字化程度加剧在提升金融素养需求的同时，也为金融素养培育方案的生成提供技术加持"④，数字金融、智慧金融等新兴场域也成为金融素养培育的衍生向度。

从制度源流看，我国金融素养培育的制度实践是国际监管制度变迁下的移植之举。在金融市场"强管制"的治理逻辑下，我国校园金融市场虽偶有波澜，但始终保持常态化的金融排斥。与此同时，在尚未实质性步入人口老龄化社会之际，我国社会保障体系的高覆盖与稳运营并未释放过多的个体金融责任。因此，金融市场效率的稳定性偏移与社会保障体系的国家主导并未"先天"地衍生出主体金融素养培育动机。伴随着金融开

① Elizabeth Howlett, Jeremy Kees, Elyria Kemp, "The Role of Self-regulation, Future Orientation, and Financial Knowledge in Long-term Financial Decisions", *Journal of Consumer Affairs*, Vol. 42, No. 2, Summer 2008, pp. 223-242.

② Gerry Gallety, Natalie Gallery, "Rethinking Financial Literacy in the Aftermath of the Global Financial Crisis", *Griffith Law Review*, Vol. 19, No. 1, 2010, pp. 30-50.

③ Leora Klapper, Annamaria Lusardi, "Financial Literacy and Financial Resilience: Evidence from Around the World", *Financial Management*, Vol. 49, No. 3, 2020, pp. 589-614.

④ G20/OECD, *Policy Guidance on Digitalisation and Financial Literacy*, 2018, OECD, http://www.oecd.org/daf/fin/financial-education/G20-OECD-INFE-Policy-Guidance-Digitalisation-Financial-Literacy-2018.pdf.

放与金融深化步伐的加剧，我国金融素养培育逐渐具备与国际接轨的制度需求，"金融民主进程下的主体权利漠视"逐渐提升金融素养培育在监管转型对策的优先顺位。① 在后危机时代金融素养培育浪潮的影响下，我国消费者金融素养的低水平与现实需求的差异性引发监管层的政策关切，而校园贷、金融诈骗等事件频发也反映出我国金融素养培育实践的紧迫性与优先性。

（二）从倡导到责任：金融素养的资源仰仗

在社会责任与法律责任的融合下，金融素养培育获得各国政府与国际组织的权力加持，开始更趋独立、更趋多元的实践探索。在各具风格的实践探索中，金融市场主体赋能的紧迫性与复杂性使得资源统筹成为金融素养培育能否有效实施的关键要素。现有制度实践从政府、市场与社会三种维度出发，形成较为鲜明的资源统筹进路。

在政府维度下，金融素养培育仰仗于公权主导下的强制性制度变迁。世界银行相关调查显示，71%的全球主要经济体金融监管机构已经开展涉及提高公众意识的金融教育活动，② 政府责任明晰与政府职能转型是推动金融市场主体赋能制度落地的关键之所在。在实践探索中，金融教育国家战略的施行是金融素养培育政府进路的典型表现。③ 金融教育国家战略面向普罗大众的素养需求，由高级别政府机构主导，明确金融素养制度实践的基本路线，着重应对制度实践中的优先事项、资源统筹、项目实施与评估等关键性问题。经合组织在新近报告中指出，亚太经合组织地区成年人的平均金融素养水平较低，频发的金融欺诈与滥用行为、复杂性的金融服务与特定人群的低水平素养推动亚太国家改良金

---

① 朱琳：《大学生消费信贷的互联网衍生及其规制逻辑》，《金融发展研究》2016年第7期。

② Mylenko, Nataliya, *Global Survey on Consumer Protection and Financial Literacy：Oversight Frameworks and Practices in* 114 *Economies-full Report*, Jan. 1, 2013, World Bank Group, http：//documents. worldbank. org/curated/en/775401468171251449/Oversight－frameworks－and－practices－in－114－economies－full－report.

③ G20/OECD, *Report on Adult Financial Literacy in G20 Countries*, July 8, 2017, OECD, http：//www. oecd. org/daf/fin/financial-education/G20－OECD－INFE－report－adult－financial－literacy－in－G20－countries. pdf.

融素养政策。① 金融教育国家战略的本质是逐步提升金融教育在金融监管政策中的比重，自上而下地推进受众目标金融素养水平的提升，配合金融深化、金融普惠等关联政策的实施，有效防范因个人信息偏差引致的系统性金融风险。从实践效果来看，金融素养培育政府进路在协同性与法治化两造逐渐形成制度共识。多国实践强调政府内部广泛的权力合作，即通过委员会的形式，统筹教育、金融、财税、司法与社会保障等多部门治理资源，协同推进金融素养培育的制度效能。例如，美国金融素养与教育委员会（Financial Literacy and Education Commission，FLEC）由财政部与金融消费者保护局牵头，涵盖美联储、教育部、农业部等十余个职能部门；再如，我国证监会与教育部于 2019 年联合印发《关于加强证券期货知识普及教育的合作备忘录》，推动理性投资意识的社会化传播。个别国家重视以法治化工具巩固与推进金融素养培育实践。例如，加拿大于 2013 年颁布《金融素养领导人法案》（*Financial Literacy Leader Act*），明确金融素养项目的实施与统筹机制；再如，南非在金融法规中明确要求金融机构将税后利润的 0.4%用于消费者教育活动。

　　在市场维度下，金融素养培育附随于倾斜保护下的经营者责任强化。在消费者与经营者主体地位的差异性假设下，在交易体系中通过消费者"赋权"与经营者"赋责"实现主体地位的矫正是消费者倾斜性保护的普遍特征。沿袭行为经济学进路，金融素养培育在倾斜性保护外衣下，不断寻求对交易体系内经营者教育责任的提升。以我国金融教育政策话语演变为例（见表 1-2），早期金融素养的制度实践表现为金融机构教育责任的条款宣示。2013 年银监会印发的《银行业消费者权益保护工作指引》提出金融机构应"积极主动开展银行业金融知识宣传教育活动"的倡导；2015 年，国务院办公厅《关于加强金融消费者权益保护工作的指导意见》将"保障金融消费者受教育权"作为规范金融机构行为的重要制度导向，并提出"建立金融知识普及长效机制"的制度建议；2016 年《中国人民银行金融消费者权益保护实施办法》更将"金融知识普及和金融消费者教育机制"作为金融机构消费者保护的内控机制的组成部分；2020 年新

① OECD，*Report on Financial Education in APEC Economies：Policy and Practice in a Digital World*，Oct. 28，2019，OECD，http：//www.oecd.org/finance/financial－education/2019－financial－education－in－apec－economies.pdf.

版《金融消费者权益保护实施办法》则将"提升金融消费者金融素养"
明确提升至金融机构主体责任层面。在条款宣示之外，金融素养培育的制
度探索附随于金融消费者知情权保护、投资者适当性等制度实践中。从知
情权探索来看，经营者在交易前端信息披露义务的强化，尤其是披露方式
的可接受性与披露内容的多元化表现出减少消费者主体认知偏差的努力。
从投资者适当性发展来看，对中小投资者的风险分类与交易行为限制本身
就暗含着对消费者素养多元性与差异性的认可，避免理性缺失下风险错配
行为的系统性风险衍生。

表 1-2 我国金融教育政策话语流变

年份	机构	文件名称	内容
2013	银监会	银行业消费者权益保护工作指引	第十八条 银行业金融机构应当建立健全银行业消费者权益保护工作制度体系，包括但不局限于如下内容： （五）银行业消费者金融知识宣传教育框架安排 第二十二条 银行业金融机构应当积极主动开展银行业金融知识宣传教育活动，通过提升公众的金融意识和金融素质，主动预防和化解潜在矛盾。 第四十一条 银监会及其派出机构应当制定银行业消费者教育工作目标和方案，督促银行业金融机构将银行业知识宣传与消费者教育工作制度化
2015	国务院办公厅	关于加强金融消费者权益保护工作的指导意见	三、规范金融机构行为 （八）保障金融消费者受教育权。金融机构应当进一步强化金融消费者教育，积极组织或参与金融知识普及活动，开展广泛、持续的日常性金融消费者教育，帮助金融消费者提高对金融产品和服务的认知能力及自我保护能力，提升金融消费者金融素养和诚实守信意识。 四 完善监督管理机制 （三）健全金融消费者权益保护工作机制。……加强金融消费者权益保护协调机制建设，建立跨领域的金融消费者教育、金融消费争议处理和监管执法合作机制…… 五 建立健全保障机制 （三）建立金融知识普及长效机制。金融管理部门、金融机构、相关社会组织要加强研究，综合运用多种方式，推动金融消费者宣传教育工作深入开展。教育部要将金融知识普及教育纳入国民教育体系，切实提高国民金融素养
2016	央行	中国人民银行金融消费者权益保护实施办法	第二十五条 金融机构应当制定年度金融知识普及与金融消费者教育工作计划，结合自身特点开展日常性金融知识普及与金融消费者教育活动。金融机构不得以营销个别金融产品和服务替代金融知识普及与金融消费者教育。 金融机构应当参与中国人民银行及其分支机构组织的金融知识普及活动

续表

年份	机构	文件名称	内容
2020	央行	中国人民银行金融消费者权益保护实施办法	第八条　银行、支付机构应当落实法律法规和相关监管规定关于金融消费者权益保护的相关要求，建立健全金融消费者权益保护的各项内控制度： （六）金融知识普及和金融消费者教育制度。 第二十四条　银行、支付机构应当切实承担金融知识普及和金融消费者教育的主体责任，提高金融消费者对金融产品和服务的认知能力，提升金融消费者金融素养和诚实守信意识。 银行、支付机构应当制定年度金融知识普及与金融消费者教育工作计划，结合自身特点开展日常性金融知识普及与金融消费者教育活动，积极参与中国人民银行及其分支机构组织的金融知识普及活动。银行、支付机构不得以营销金融产品或者服务替代金融知识普及与金融消费者教育。 第四十九条　中国人民银行及其分支机构统筹开展金融消费者教育，引导、督促银行、支付机构开展金融知识普及宣传活动，协调推进金融知识纳入国民教育体系，组织开展消费者金融素养调查

在社会维度下，金融素养培育受益于多元参与下私营部门的社会责任觉醒。传统金融消费者保护着眼金融交易二造的权责平衡，而金融素养培育从功能导向上超越传统交易逻辑，在更为广泛的社会层面寻求市场主体的素养提升。从制度变迁方式来看，社会维度的金融素养实践存在两种表现方式：其一，自上而下的社会性倡导，即由金融监管机构发起的金融教育普及活动。权力主导下的社会环境营造既可以在短时间内引起社会对金融素养命题的关注，例如欧美国家普遍采取的"金融教育活动月""金融素养教育周"等活动，我国央行也于 2013 年开始将每年 9 月确立为"金融知识普及月"；又可以助益金融素养培育制度的标准化与常态化发展，例如经合组织主导下发展的金融教育网络（International Network on Financial Education，INFE）、国际学生评估项目（Programme for International Student Assessment，PISA）、政策报告、工具包等对全球国家金融素养政策发展与项目施行提供普遍性指引。其二，私营部门自发的社会责任践行。近年来，花旗（Citigroup）、万事达（MasterCard）、维萨（VISA）等大型金融集团均通过基金会的方式将资助金融教育项目、缓解金融素养鸿沟作为企业社会责任的重要向度。无论行为动机是否包含营利性，私营部门对制度发展的贡献因金融素养时代需求的增加而愈发受到重视。私营部门的参与在缓解金融素养培育高成本问题的同时，也成为制度创新与增长点的关键之所在。私营部

门对素养评估、项目设计的市场化激励有助于金融素养培育基础设施的完善。

三　赋能的迷局：金融素养培育的价值厘定

金融素养培育的制度实践并非一帆风顺。事实上，多数国家金融素养培育因理论上的有效性质疑与实践中的激励性缺失表现出碎片化的衍生特征。即便在欧美较为成熟的金融消费者保护体系下，金融素养培育的法治化进程也引发了对消费者地位、金融教育本质与市场主体自由的广泛讨论。金融素养从政策的语词认可走向实践的全面嵌入仍需化解多维度的发展困境。

（一）有效性质疑下的万能主义厘清

虽然主体行为偏差的经济学发现为金融市场主体赋能提供衍生思路，但在更为系统、更趋复杂的政策实施领域，个体素养提升能否传导整体市场理性仍然面临诸多质疑。关于金融素养的有效性质疑主要源于三个方面：其一，金融素养培育缺乏实证研究的支持，现有研究仅仅可以证明个体决策的非理性引发市场的集体非理性，但个体理性的改善能否一定传导市场集体理性仍然存疑。并且，市场主体的异质性在实践中演变为制度需求的多元性，"针对雇员的素养干预或许有利于提升家庭储蓄，但针对其他群体的金融教育活动的有效性有待更为严谨的计量经济学证据支撑"[1]。其二，金融素养培育加剧了个人决策的非理性。"对一些消费者来说，金融教育似乎增强了信心，但并没有提高他们的能力，导致他们做出更糟糕的决定"[2]。作为金融市场财务责任承担的"元主体"，盲目激发投资信息的金融教育反而会使消费者处于更为不利的境地，金融素养培育理想上的深化功能异化为市场风险的羊群效应。其三，金融创新发展掣肘金融素养

① William Gale, Benjamin Harris, Ruth Levine, "Raising Household Saving: Does Financial Education Work?", *Social Security Bulletin*, Vol. 72, No. 2, 2012, pp. 39-48.

② Lauren Willis, "Against Financial-Literacy Education", *Iowa Law Review*, Vol. 94, No. 1, 2008, pp. 197-285.

制度实践。"当前金融市场发展迅速，日益复杂的金融产品与进展缓慢的金融教育将会存在更大的鸿沟，这使得金融决策偏见持久性存在。"① 面对传统问题的低效处置与新兴问题的应对迟缓，回应性与灵活性缺失成为金融素养培育有效性提升的拦路石。

实际上，对金融素养有效性的质疑既表现出功能定位的万能主义困境，也为未来制度实践的深化指明方向。如同后危机时代国际舆论对金融消费者保护寄予较高的认可与期待，主体行为偏差引发的金融素养缺失仅仅是金融风险生成中未被重视、有待关注的系统性节点，如果希冀通过金融素养提升解决全局性、整体性的系统性金融风险命题，此即步入工具万能主义窠臼。因此，应当将金融素养培育的功能限定在深化视野下市场主体的必要赋能，而非金融市场风险的根除。"尽管有关金融教育项目在金融决策方面的有效性证据充其量是喜忧参半，但需要强调的是，在金融问题上赋予公民权利的重要性。"② 与此同时，主体赋能的有效性也越来越得到相关文献的验证，"金融知识的内生性对福利以及旨在提高更多人口金融知识水平的政策都有重要影响。"③ 此外，有效性质疑往往基于金融素养培育项目运行的低效，而并非对命题本身的否定。早期金融素养项目的随机性与初级性必然带来较高的试错空间与运行成本，而当国际化标准出台与关联主体开始广泛参与，金融素养项目的实效性存在广阔的提升空间。

(二) 空洞化困境下的父爱主义转型

虽然金融素养培育因命题的基础性得到政府与社会的重视，但与金融监管的"强干预"特征不同，金融素养培育面临着自上而下的发展犹疑与自下而上的参与缺失。细观之，造成金融素养培育空洞化衍生的原因至少包括两个方面：其一，金融消费者保护命题的父爱主义泛滥引发制度衍生的自反性。即便金融素养培育具有较为鲜明的独立性价值，但在实践拓

---

① Lauren Willis, "Against Financial-Literacy Education", *Iowa Law Review*, Vol. 94, No. 1, 2008, pp. 197-285.

② Oscar Stolper, Andreas Walter, "Financial Literacy, Financial Advice, and Financial Behavior", *Journal of Business Economics*, Vol. 87, No. 5, 2017, pp. 581-643.

③ Annamarla Lusardi, Olivia Mitchell, "The Economic Importance of Financial Literacy: Theory and Evidence", *Journal of Economic Literature*, Vol. 52, No. 1, 2014, pp. 5-44.

展中金融素养仍然内嵌于金融消费者保护制度体系之内。金融消费者保护的传统范式建构在交易逻辑下倾斜性保护基础之上，而关注主观智识的金融素养培育在倾斜性之外更加突出政府对金融市场的父爱主义关切。实际上，随着后危机时代金融消费者保护研究与实践的日趋理性，学术界开始对金融消费者概念的体系性与实效性提出质疑，[①] 父爱主义的泛滥因效率与公平的权衡而面临制度性瓶颈。其二，金融素养培育的高成本引致制度实践的形式化。制度从宣示走向实施必然面临运行环境下"成本—收益"的考探，宏观维度普遍性与特殊性的多元制度需求应对、中观维度基础性命题的相关职能监管嵌入以及微观项目运行的实施与监测，制度实施面临的高昂成本会令培育实践陷入形式化窘境。

我们认为，金融素养实践应当适度抽离"成本—收益"的计算逻辑，在治理现代化视域下寻求法律父爱主义的转型。后危机时代的金融消费者保护从形式上看服务于系统性风险防范的现实趋势，而从实质上看是对金融社会化思潮的回应。金融社会化思潮抨击传统金融发展的短视与排斥，强调最大限度发挥金融增进社会福利的功能，金融监管机构也因此面临职能转型。相比而言，传统金融消费者保护的赋权路径更多关注交易逻辑，对"买者自负"主导下私权秩序的过度介入容易招致舆论诟病，而金融素养则更多面向法权逻辑与社会逻辑，即不聚焦具体交易的责任承担，更多强调政府职能转型与社会责任分担，而这也契合金融社会化思潮的要求。从赋权到赋能，金融消费者保护的父爱主义从事中与事后转向事前，交易秩序的较小介入反而使金融素养培育具备更多的行权正当性，而面对制度运行的高成本，金融素养培育并非对现有制度的推翻，而是基于现有制度的转型升级。具体来看，金融素养培育下的权力转型表现在：第一，嵌入金融消费者权利保护。从内容涵摄上看，现有金融消费者保护较为全面的权利体系业已为"体制内"的金融素养实践开展提供嵌入通道。金融素养视域下的实践开展是对关联权利内容做实，而非形成新型权利需求。例如，"消费者金融知识和计算能力的低水平显著限制了信息披露作

---

① 张艳：《现金贷消费者保护的范式转换及制度构建》，《法学》2019 年第 6 期；廖凡：《金融消费者的概念和范围：一个比较法的视角》，《环球法律评论》2012 年第 4 期；杨东：《论金融消费者概念界定》，《法学家》2014 年第 5 期；姚佳：《"金融消费者"概念检讨——基于理论与实践的双重坐标》，《法学》2017 年第 10 期。

为保护消费者的一种手段的效果"①"应当针对不同投资渠道制定不同的风险提示与信息披露标准"②，以确保知情权保护可以成为对抗过度负债的一种手段。第二，促成治理权力的合作。金融素养不应是金融监管机构的"自留地"，金融素养的高成本表现为纵向的延续性与横向的覆盖性，多数国家通过建立专业委员会制度应对制度需求多元性正是促成纵向央地与横向职能部门间权力合作的典范。第三，倡导成本的社会化分担。金融市场风险的系统性与社会共治的现代性高度契合。在政府与市场之外挖掘新型治理参与主体，寻求社会资源的统筹与融合既是释放公共责任的必要，也是提升金融素养孵化环境所需。

（三）常态化目标下的法治主义嵌入

金融素养培育不能一蹴而就，主观素养偏差的多元性与客观金融市场环境的多变性促使金融素养培育应当成为各国金融市场发展的常态化政策。但是，金融素养培育的常态化推行面临着权力缺位、权力过度行使等现实问题。从权力缺位来看，发达国家因自由主义思潮下市场本位监管理念的制度惯性，容易忽视对主体智识匹配问题的关注，发展中国家也会因制度运行的高成本减缓政策的实质性落地。除此之外，在数字金融、智能金融加速发展的时代语境下，数字支付、智能投顾、数字货币等新兴领域素养命题的回应不及时也会影响金融素养培育常态化目标的实现。从权力过度行使来看，金融素养的制度实践既需要跳出交易逻辑的事前布控，也需要依附现有金融消费者赋权理路下对交易双方的改造，自上而下的制度改造容易因过度介入私权秩序而引发交易的实质不公平，而自下而上的制度设计也会因主体参与的营利性动机而面临正当性质疑。此外，以传统金融消费者赋权进路为代表的金融素养制度实践常表现为信息规制的强化，但"更加伟大的消费者保护也可能对消费者产生负面影响"③。例如，负责任贷款制度的实施反而使得低收入群体无法获得信贷，原本旨在为消费

---

① Asta Zokaityte, "Financial Literacy and Numeracy of Consumers and Retail Investors", *Capital Markets Law Journal*, Vol. 11, No. 3, 2016, pp. 405–413.

② 江嘉骏等:《移动互联网是否带来行为偏误——来自网络借贷市场的新证据》,《经济研究》2020 年第 6 期。

③ Vanessa Mak, Jurgen Braspenning, "Errare humanum est: Financial Literacy in European Consumer Credit Law", *Journal of Consumer Policy*, Vol. 35, No. 3, 2012, pp. 307–332.

者赋能的信息工具，也会成为金融诉讼中经营者的免责利器。

"被一个好的监管环境所驯服，金融素养确实可以成为一个公平的仆人，而非一个有害的主人。"[①] 既往随机的、碎片化的制度实践应当在法治框架下提升制度的可持续性。金融素养培育的法治主义嵌入应当重视政府职责的法定性，在立法与政策层面确定金融教育国家战略的主导路径，并为金融素养嵌入金融监管体系提供制度通道。此外，金融素养培育可持续目标的实现仍应借助法治衡平功能的实现：一方面，应当在父爱主义与买者自负之间寻求制度平衡，理性认知金融素养培育的预防性特征，将制度与激励措施的重心置于事前的信息供给，而非交易体系内的过多干预；另一方面，应当在法律责任与社会责任之间寻求制度平衡，以法律责任供给实现金融消费者权利的实质性保护，以社会责任供给实现金融素养培育的制度衍生空间，二者的衡平可以提升金融素养培育制度实践的可预测性。

四　未竟的赋能：金融素养培育的发展向度

理论与实践的丰富探索逐渐消弭金融素养培育的不确定性，但层出不穷的金融创新又为社会发展提出新的素养命题。从制度发端来看，不同于主要发达国家养老公共责任转嫁下的替代性解决方案，[②] 金融管制视域下我国金融素养培育的制度化探索仍属"舶来品"，即主要受后危机时代国家社会金融素养培育浪潮的影响。但是，从制度需求来看，无论是普遍意义金融开放、金融普惠等深化领域的基础性支撑，抑或特殊意义上农村金融、校园金融等重点领域的个别性诊治，我国金融市场化与法治化进程的推进业已衍生出多元化的素养培育需求。遵循金融素养的制度源流，立足我国的实际问题，我们认为金融素养培育应从以下几个方面着力进行完善：

---

① Oliver Williams, Stephen Satchell, "Social Welfare Issues of Financial Literacy and Their Implications for Regulation", *Journal of Regulatory Economics*, Vol. 40, No. 1, 2011, pp. 1-40.

② 需要指出的是，相关研究已从金融素养与居民养老决策的关系着手，强调提高居民金融素养的积极作用。参见左曜洲、单德朋《金融素养与养老决策：基于城镇居民退休前后的微观证据》，《金融理论与实践》2020 年第 5 期。

（一）提升金融教育国家战略的法治保障

实施金融教育国家战略是由我国金融市场发展的基本现状与未来预期所决定的。据第三方数据披露，我国股票市场自然人投资者占比99.76%，[①]"散户"主导下的资本市场结构容易滋生市场的非理性风险。近年来，"互联网+金融"成为我国金融市场创新深化的主战场，以互联网金融、数字金融为代表的新生业态在便利投融资、促成金融脱媒的同时，也对金融消费者素养水平的匹配提出更高的要求。但是，"我国投资者教育工作相对发达国家较为迟缓，'重宣传，轻实践'导向下单纯依赖金融机构的制度实践反而与金融素养公共产品属性相悖"[②]。金融教育国家战略是经制度实践广泛验证、并被国际社会广为推崇的金融素养培育措施。为了避免金融教育国家战略推行的形式化，经合组织在《金融教育国家战略政策手册》中指出，"明确法律授权是实现金融素养教育战略利益相关者有效参与的重要保障"[③]，多数国家均在法制框架内明确政府职能部门的主体权责、强化金融机构的义务供给以及倡导社会维度的广泛参与。

结合我国制度实践与公开披露的文本内容，我国金融教育国家战略法治保障的向度表现在：一方面，提升金融素养的立法认同。目前，我国金融素养立法规范仅仅停留于金融监管机构的部门规章，在法律与行政法规层面缺少有效的认可。从形式上看，应当在《商业银行法》《银行业监督管理法》《证券法》等相关法律中增加金融教育或金融素养条款，通过立法宣示引领未来制度构建。从实质上看，应当在金融消费者权益保护、投资者适当性、投资者教育、未成年人保护等较为成熟、系统的法律规制领域嵌入金融素养培育的制度设计，拓宽金融素养的法律实现通道。另一方面，确立金融教育国家战略的协同机制。2013年，我国向二十国集团提

[①] 中国证券投资者保护基金有限责任公司：《2019年度全国股票市场投资者状况调查报告》，2020年3月28日，http：//finance. sipf. com. cn/finance/app/page/detail/dryw? a_id＝e72899 8bfc4b46f3ac9c3d61c18632e7&m_id＝3。

[②] 《我国证券投资者教育的效率分析与制度建构》课题组：《中国投资者教育现状调查报告（2018）》，《证券时报》2019年3月7日第12版。

[③] OECD, *National Strategies for Financial Education OECD/INFE Policy Handbook*, Nov. 16 2015, OECD, http：//www. oecd. org/daf/fin/financial－education/National－Strategies－Financial－Education－Policy－Handbook. pdf.

交的金融教育国家战略主要由央行会同银监会、证监会、保监会等金融监管部门拟定。放眼国家实践，金融教育国家战略的推行历来是"牵一发而动全身"，金融素养命题的基础性、社会性特征使各国在制度实践中重视对教育、金融、财税、法律等职能部门的全面介入。有鉴于此，我国应当在金融素养领域引入经济社会规制实践中较为成熟的委员会制度，即通过权力整合与部门联系机制的确立，明确制度实践的主体责任，有效实现金融教育国家战略实施的权力合作。

中国金融教育国家战略①

一、定义、范围与目的

（一）金融教育国家战略的现状

随着最近一次国际金融危机的爆发，中国开始考虑制定金融教育国家战略。而该战略目前正在制定当中。

（二）制定金融教育国家战略的理由

随着金融服务业的快速发展，金融产品日趋复杂，各种金融风险正在向消费者转移。金融监管本身无法充分保护消费者，因此，金融教育已成为市场监管的重要补充。金融教育不仅可以提高消费者的赋能与风险意识，还在维持金融稳定方面采取更多的预防和主动措施，以防止系统性金融风险的积累，减少风险的传播和蔓延。

国际金融危机的主要原因之一是消费者对日益复杂的金融产品缺乏基本了解。而金融教育可以促进消费者对金融产品和服务的理解。因此，提高消费者能力已成为一项长期的战略重点任务，其原因在于金融知识有助于消费者在购买和使用金融产品与服务时作出合理选择，从而提高整体市场的有效性。

近年来，中国政府已经认识到金融教育的重要性。相关部委已投入大量的精力和资源开展金融教育项目，然而却存在着方案重叠和资源投资等问题。因此，国家有必要制定一项战略，以便更有效地利用资源，提高金融教育的成效。

（三）金融教育国家战略的范围

国家战略与消费者保护密切相关。其不仅侧重于普及金融知识，

---

① 本战略为中国人民银行编制，并由中国政府向 G20 提交，相关内容由黄苇整理并翻译。

还致力于使消费者更好地了解金融产品和服务，准确评估风险，作出明智判断，并就投资和消费做出理性决策。

（四）金融教育的定义

在中国，金融教育是指旨在帮助消费者提高对金融概念和产品的理解，增长其金融知识与风险意识的长期计划。此外，金融教育还力图扩大金融服务的范围。

二、制定国家战略

（一）评估主要需求

为了研究和评估消费者的主要需求，相关部委积极与消费者保护组织、行业协会和金融机构进行沟通。他们通过消费者调查、金融市场调查和消费者投诉收集了大量信息进行分析。此外，上海在2012年还参加了经济合作与发展组织的国际学生金融素养评估项目，对上海市高中生的金融素养水平进行了评估。

（二）现有利益相关机构的举措与谋略

近年来，中国人民银行设立了金融消费权益保护局，中国银监会设立了金融消费者保护局，中国证监会设立了投资者保护局，而中国保监会设立了保险消费者权益保护局。各单位根据各自的职责开展了金融教育，并取得了积极成效。

1. 中国人民银行

第一，中国人民银行采取了一系列有效措施，通过公共教育项目提高金融知识普及水平。其通过举办"金融知识宣传月"、举办讲座、知识竞赛、电视广告、报刊专栏写作、免费开放金融博物馆等方式，向社会普及金融法律、法规、政策和金融服务等各类知识。

第二，中国人民银行还推出了一系列主题金融教育方案。其不仅通过印制宣传小册子和建立货币安全网站来传播防伪货币知识，还开展了"信用信息日""信用知识宣传周""反洗钱宣传月""反洗钱知识竞赛"和"金融知识进社区"等活动。中国人民银行还为农村居民提供了有关支付和结算的培训以及有关信用卡安全的方案。

第三，中国人民银行编撰出版了《金融知识国民读本》《金融知识进社区》等金融知识读物，并免费向社会发放。中国人民银行通过向社区、学校和农村地区发放图书，引导公众了解和运用金融知识。此外，该行在网站上开设金融知识专栏，帮助公众了解信用卡支付、防伪措施、资金、信用信息及反洗钱政策。

2. 中国银监会

中国银监会在监管目标中明确了金融教育的要求：提高公众对现代银行业金融产品和服务的认识，使公众能够通过教育和信息披露识别金融风险。因此，中国银监会开展了一系列广泛、系统且持续的教育活动，使消费者能够作出独立判断并保护自己的利益。

第一，中国银监会引导并鼓励银行业树立公共教育服务理念。其建立公共教育服务区，免费提供金融知识读物，开通公众热线，建设教育服务网络，发布安全用卡风险预警以警惕违法金融活动风险。此外，银监会还通过宣传册、录像、短信和现场咨询等多种方式，组织并推出了"全国银行业公众教育日"。开展"打击非法集资宣传月"活动，引导公众加强风险识别，从源头上遏制非法集资。

第二，银监会针对不同群体实施了不同的金融教育方案。

● 政府为数以千计的外来务工人员执行了一项计划，以提高他们防范金融风险的能力。

● 促使北京、上海等地相关机构完成了中小学金融教材的编写，逐步将金融知识引入课堂。

● 在各高校引入了银行消费者教育，包括银行服务和金融知识。

● 开展了"金融知识下乡活动"，促进农村青年向西部和农村地区普及金融知识。

● 举办了银行业关于消费者保护的知识竞赛，以提高银行业的社会责任感和服务型导向。

● 开展了小微企业金融服务外联活动，帮助小微企业和其他企业了解和利用银行系统金融服务。

第三，中国银监会通过与媒体合作扩大了受众。其在报纸、杂志、网站上开设金融教育专栏，讲解信用卡、金融服务、电子银行等金融产品与服务，帮助公众建立客观的金融理财理念和合理消费观念。银监会还与专业媒体合作，为航空以及其他特定行业举办金融知识竞赛，并帮助成熟消费者群体提高金融素养。

3. 中国证监会

就使用金融机构的服务而言，资本市场的投资者具有金融消费者的属性。但是，投资者还可以拥有股东、债权人等身份，在这种情况下，法律关系不仅涉及金融机构，也涉及上市公司和中介服务机构。因此，投资者教育的范围更为广泛，不仅包括投资者的金融教育，也包括投资者作为上市公司股东或债权人的权利义务教育。与普通的金融教育相比，投资者教育涉及的情况更为复杂，内容也更为广泛。

针对中国投资者在资本市场的特殊性，证监会探索了投资者金融教育机制，提供了创新性的解决方案，营造了健康的投资文化，提高了投资者保护自己的能力，还壮大了成熟的投资者群体。

第一，加强与投资者的直接沟通，倾听市场声音，了解投资者最新动态。中国证监会通过举办投资者与金融机构座谈会，搭建沟通平台，收集投资者意见并分析市场最新动态和投资者需求，用于指导实际工作。

第二，中国证监会主动向社会公开健全性信息，迅速采取措施解决问题。该举措回应了投资者普遍关心的问题。这些问题已送交有关政府机构或金融机构进行深入研究与解决。

第三，中国证监会组织系统内各单位开展投资者保护主题活动，以培养理性投资行为和投资文化，并敦促企业积极服务并回报投资者。其邀请中小投资者到上市公司实地考察，并给予投资者与公司高管交谈的机会。证监会还为证券及期货机构举办培训活动，提高机构对投资者的服务及认识。

第四，中国证监会推动媒体发挥更大的作用，其制作并推出各类投资者教育产品，促进知识传播，倡导健康的投资文化。证监会还出版了一系列投资者教育手册，如"投资者关注的50个焦点问题问答"，另外还制作并播放公益广告和动画片，以及有关证券和期货市场的风险警示标语。

第五，中国证监会积极将投资者教育纳入国家教育体系。而上海被选为第一个试点地区。上海证监局和上海证券交易所已开始与当地教育部门合作。目前，新的教科书已经出版，下一步将开展金融教育课程试点。

第六，中国证监会对投资者资格制度进行了研究。其分析了投资者资格制度存在的主要问题，并提出了相应的建议；梳理了投资者资格监管要求，并会同证券业协会发布了工作指南。

4. 中国保监会

第一，中国保监会制定了保险消费者教育制度。监管部门、行业协会和保险机构分工明确，各机构通过密切协调与合作，将保险知识引入课堂、农村地区、社区、办公室和企业。

第二，拓宽保险知识普及渠道。中国保监会利用网站、微博、广播、报纸等媒体宣传保险知识，在网上开设大讲堂，推出官方微博"消费者保险知识角"，并发布保险相关公益广告。

第三，加强信息披露和风险预警。保险消费者投诉需每季度向社会公布。在行业协会的官方网站上，公开保险条款和保险费率，用户由此可以免费、方便地获得关于所有保险产品的信息。对于公众关心的维权重点问题，保监会适时发布消费者风险预警。

第四，中国保监会针对不同群体开展教育工作。每年的 3 月 15 日是国际消费者权益保护日，中国保监会在全国范围内通过讲座、服务台、宣传册等形式，开展普及保险知识的活动。一些社区还设立了保险知识宣传栏，保险从业人员定期到社区进行现场咨询。保监会还鼓励保险机构向部分农村地区派出联络员，及时提供风险预警和保险知识，将保险知识普及到农村居民家门口。部分地区连续八年举办以中小学生为对象的"我与保险一起快乐成长"征文比赛，将保险知识融入日常教育。在一些地区，当地报纸和杂志开设了一个保险相关知识专栏，还播放了有关保险的电视节目。

5. 金融机构

在监管部门的指导下，金融机构举办了一系列有意义的教育活动。

中国工商银行率先于 2012 年 3 月正式成立了消费者权益保护办公室，成为第一家拥有专职消费者权益保护部门的商业银行。为实现银行与消费者权益的平衡，工行对金融产品协议及相关制度安排进行了审议，并对金融产品和服务以及消费者权益保护机制开展了宣传教育活动。迄今为止，该银行已开展了一项名为"金融知识万里行"的活动，并完成了《金融消费者权益日宣传手册》的编写工作。2013 年 3 月，中国建设银行产品创新与管理部成立。其消费者保护部负责全线消费者保护的综合管理与外部协调，促进银行内部的消费者保护，并普及金融教育和金融知识。

中国银河证券公司自成立以来，开展了多种形式的投资者教育活动。这些活动都符合"积极回报投资者"和"理性投资，长期投资"的主题。该公司通过撰写专栏、协助公共教育动画、举办上市公司实地考察、开办投资者学校、赞助公益广告和商业广告等方式，开展了多项主题活动，是传统教育宣传手段与网站、微博等新媒体的有效结合。

中国人寿保险有限公司组织客户服务中心、监察部和公司销售团队的工作人员与社区居民进行面对面的交流。为了弘扬诚信文化，该公司向消费者免费提供《保险法》和《保险指南》等宣传材料。

6. 其他组织

银行业协会、证券业协会、保险协会和其他行业自律组织通过制定消费者金融教育指南指导成员机构制定具体的工作计划，以确保成员机构有效开展教育工作。此外，通过敦促成员机构进行尽职调查，并对成员机构的信息披露和诚信行为进行评估和检查，使行业诚信建设更进一步。

中国金融教育发展基金会在农村开展公共金融教育，努力推进金融教育、金融研究和金融创新。为鼓励金融业发展，提高金融从业人员素质，其举办了多种形式的培训班，金融机构管理水平明显提高。

部分中小学开展了将金融教育融入日常学习的试点课程。这些学校往往采用不同的方法推广金融知识以提高金融素养。

三、治理机制及利益相关机构的作用

（一）治理机制

为了引导、促进金融教育的发展，加强政府部门之间的协调，有必要制定一项金融教育国家战略以确保相关部门各司其职，建立战略框架，确定总体目标，制定法律法规，统筹推进各相关方的金融教育活动。而这些措施将确保国家战略的持续有效实施。

（二）利益相关机构在制定和执行国家战略方面的作用及责任

中国人民银行、中国银监会、中国证监会和中国保监会根据各自的职责制定金融教育方案。这些机构分别制定工作目标，确定工作重点，举办外展计划，评估教育计划的成效，以及统筹为消费者举办跨市场和跨行业教育活动。

各行业自律组织负责明确其成员机构对消费者进行金融教育的义

务，制定总体指导方针，引导成员机构制定具体计划，监督教育活动的有效实施。

金融机构负责制定消费者教育的具体计划，积极参与政府或行业协会举办的活动，并结合各自的业务特点设计、开发和组织相关活动。

社区居民委员会、村委会等基层政府机构负责联系政府机构、金融机构、高校等，通过上门服务的方式定期向社区和农村地区普及金融知识。

非营利组织则可以充分发挥其作为独立第三方的作用，不断推动金融教育的发展和技术创新。

此外，教育部可以考虑将金融教育纳入国家课程。财政部可就各部门金融教育所需投资的标准和定额进行研究，逐步加大对每个部门的投入力度。

四、国家战略蓝图

（一）目标与使命

1. 目标

其战略目标是构建惠及全民的金融教育体系，为满足日益增长的金融教育需求提供丰富的资源，增强人们的金融风险意识和自我保护能力，引导消费者做出明智的金融决策，为金融机构与消费者的和谐发展创造健康的环境。

2. 使命

其使命是确定金融教育的指导原则和战略方向；制定该项教育的实施原则和评估标准；加强研究与实践的协调统一；并进一步建立和完善金融教育的组织、内容、实施、保障和评估机制。

（二）战略重点

1. 开展全国金融能力调查，并据此制定教育计划。

开展全民（特别是弱势群体）金融知识、态度和行为调查，分析投诉数据库中的典型问题，调查研究群众已有的金融能力水平，查找金融知识差距，制定明确的解决方案和合理的实施方案。

2. 为不同群体提供量身定制的金融教育方案，并给予适当的关注。

广泛征求意见，为不同地区、不同阶层、不同年龄段的人们量身定制金融教育内容和方案。这些方案应具有一致性、实用性和有针对性，每一项都应与经济和金融活动以及人民的日常生活有关。

3. 保护弱势群体，增加资金来源。

这一战略重点应充分考虑到城乡和地区在经济增长和金融知识等方面的差距；为小型企业和偏远地区的贫困人口、流动劳工、妇女、残疾人等弱势群体制定优惠政策；开展有针对性的教育，扩大金融服务范围。

（三）目标对象

为了帮助公众掌握相应的金融知识，教育的内容和重点应根据年龄、知识水平、金融学习的需要等进行定制。

（四）国家战略的监督与评估

国家战略应当制定金融教育成效的评价标准。应当遵循多层次指标体系，包括知识、技能、态度以及行为变化等指标，并定期进行评估和比较。

（五）可用于制定国家战略的资源

中国人民银行、中国银监会、中国证监会、中国保监会及其分支机构和地方政府财政部门可以从预算中划拨专项资源；金融机构和企业可以通过企业社会责任计划和社区公益活动筹集专项资金；社区团体和非政府组织可通过自愿捐款和筹款获得私人资本，以开展金融知识普及项目和相关活动。

五、执行国家战略

（一）执行国家战略的主要机制

1. 针对不同的群体实施不同的金融教育计划。

第一，以"合理规划未来，树立正确理财理念"为主题，面向青年开展金融教育。鉴于青年人的透支和信贷消费倾向，高校和金融机构应自愿提供培训，帮助青年人建立合理的预算管理理念。

第二，面向老年人和农村居民开展以"金融知识进社区，金融知识进农村"为主题的活动。考虑到这些群体文化程度较低，且缺乏金融知识基础，专业人员应熟悉银行卡、自动柜员机等基本概念及基本操作。

第三，企事业单位的员工应遵循主题为"金融知识进企业，金融知识进机构"的宗旨。

2. 提供金融咨询服务。

积极搭建金融教育平台，充分利用免费电话和网站为公众提供咨询。鼓励金融机构为消费者举办教育活动，并应敦促其宣传金融基础知识。加强与媒体的合作，利用报纸、广播、电视和网络开展长期的金融教育活动。

（二）评估具体方案

为了以最有效的方式使金融教育方案的效益最大化，评估将确定最合适的战略实施机制和政策措施。结合实际需要、项目成本、微观和宏观影响，采用定性和定量相结合的方法，确定客观的评价指标，形成规范有效的评价体系。该系统将定期评估各种金融教育方案的成效，以比较同一年度不同方案的成效，并评估不同年度金融教育方案的整体成效。

（二）强化优先领域金融素养的场景嵌入

总体而言，即便我国已经开始探索常态化的金融素养评估工作，但目前我国金融素养培育实践仍呈现出碎片化特征。较为单一的推进主体、形式化的项目设计与简单化的知识传递导致现有的实践缺乏激励性与约束力。确定金融素养培育的优先领域是应对金融素养需求多元化、提升制度运行效率的必然选择。央行《2019 年消费者金融素养调查简要报告》指出，"我国整体消费者金融素养水平略有提高，区域金融高素养水平不均衡的现象有所减弱，但在不少方面仍有较大欠缺，区域人口结构上的差异依然存在"[1]。金融教育国家战略在遵循"评估—目标—实施—反馈"的预设逻辑外，仍应根据我国具体国情进行制度改良。金融素养应在关键环节与优先领域率先实现制度突破，并为普遍性的制度实践提供示范效应。

综合对比国际社会发展经验，我国金融素养监管嵌入的优先领域应当重视两种维度的考量：其一，定位金融普惠，重视金融排斥领域的金融素养提升。经济学界对金融素养与家庭金融境况的因果联系展开深入研究，

---

[1]　中国人民银行金融消费者权益保护局：《2019 年消费者金融素养调查简要报告》，2019 年 7 月 31 日，http://www.pbc.gov.cn/goutongjiaoliu/113456/113469/3868040/20190731141461561283.pdf。

研究结论显示，金融素养的提升对家庭金融脆弱性、家庭过度负债、投资组合等问题均存在不同程度的缓释。[1] 由此，在借鉴经合组织 2018 年发布《衡量金融素养与普惠金融的工具包》的基础上，[2] 应当尤其重视金融素养在金融减贫政策推行中的重要作用，对农村地区、少数民族地区等特殊区域进行针对性的金融素养培育项目供给。其二，回应金融风险，重视热点问题应对中的金融素养解决方案。防范与治理非法集资、金融诈骗等犯罪活动历来是我国金融秩序规制的重要行权方向，受众群体的老年化趋势反映出我国养老金融市场的主体素养缺失。此外，随着互联网金融时代的到来，P2P 爆雷与校园贷等典型事件频发也折射出金融创新进程中消费主体素养的不匹配。对于金融市场应急事件的处置，我国政府历来从金融秩序大局出发，采取高压管控措施。但是，从治理走向防范，在应对金融风险事件的严控导向下，规制机构应当重视金融素养解决方案的供给，"疏堵结合"从根本上预防风险生成。

（三）以信息规制为核心的制度体系转型

信息规制是金融消费者保护领域常见的权力介入范式，有效的信息披露可以缓解消费者与经营者之间因地位不对等引发的信息不对称。但是，受制于"无法引导产品危害信息科学披露、无法解决新型产品价格信息误导、无法应对产品突出特征信息被掩盖"等现实问题，"消费者有限的认知能力和自制力或者使其处于不利的决策情境"[3]，信息规制的效果大打折扣。为此，应当为金融信息的有效传递提供更趋预防、更具公共特征的制度媒介。我们认为，在传统以知情权为代表的信息规制路

---

① 黄国平、孙健：《中国居民融资的演进、特征及未来展望》，《财经问题研究》2020 年第 2 期；张翼、于梦迪、曹杨：《金融素养与中国家庭脆弱性》，《吉林大学社会科学学报》2020 年第 4 期；张晓玫等：《普惠金融对家庭金融资产选择的影响及机制分析》，《当代财经》2020 年第 1 期；Milo Bianchi, "Financial Literacy and Portfolio Dynamics", *The Journal of Finance*, Vol. 73, No. 2, 2018, pp. 831-859.

② OECD, *Toolkit for Measuring Financial Literacy and Financial Inclusion*, March, 2015, OECD, http：//www.oecd.org/daf/fin/financial-education/2015_OECD_INFE_Toolkit_Measuring_Financial_Literacy.pdf.

③ 吴秀尧：《消费者权益保护立法中信息规制运用之困境及其破解》，《法商研究》2019 年第 3 期。

径之外，应当重视消费者受教育权的实质化实现。相比而言，消费者的受教育权在现有权利体系之内并未得到充分的重视，义务主体模糊与法律责任缺失使得受教育权似乎成为一纸空谈。从本质而言，受教育权与金融素养培育在制度目标、作用场域与内容涵摄等多方面存在耦合。整合央行、银保监会、证监会、地方金融办等金融消费者保护职能，受教育权可以成为金融素养嵌入当前以"赋权"为主的金融消费者保护体系的通道。

值得一提的是，当前主要信息规制方案旨在为消费者行为决策的做出提供全面、真实、客观的"信息选项"，而以投资建议为代表的替代性解决方案运行则可以直接为消费者提供"参考答案"。以投资建议市场的完善应对金融素养缺失既可以在"委托—代理"逻辑下缓释专业智识引发的市场排斥，又可以促进我国资本市场投资结构由个人主导向机构主导演进。实践中，应当尤其重视投资建议市场的分层化发展，即在大众化投资建议服务之外，针对农村、校园、养老等不同场景激励经营者开展多层次的产品供给。

本章小结

以提升金融素养为目标的主体赋能发轫于校园金融知识的普及倡导，成熟于后危机时代系统性金融风险防范与金融消费者保护的制度省思之中。围绕金融市场消费主体行为偏差的行为经济学结论，国际社会逐渐提升金融素养的政策定位，在政府、市场与社会等多维度统筹资源，回应主体责任提升下的金融市场基础设施完善。面对多元化与复合性的主体智识命题，金融素养实践受制于理论上的有效性质疑与实践中的高成本困境，制度预期与现实效果的不匹配反而引起私权秩序过度介入的诟病。从问题处置与风险应对出发，金融素养实践应在法治化视域下强化政府对金融教育国家战略的主导地位，拓宽优先领域金融监管嵌入的政策通道。着眼制度理路的"预防性"特征，金融素养实践应以受教育权为核心，营造负有激励性的、共治性的金融生态环境。

"金融产品和服务的数字化，以及随之而来的加强数字金融素养需求，已成为全球决策议程的重要组成部分。"① 从数字支付到数字货币，金融科技与市场创新的融合缔造的数字资产时代对主体素养提出了更为具象的要求。"在一个学生债务不断增加、（数字）金融普惠性不断增加、（在线）金融欺诈案例带来威胁的时代，金融教育和开明的金融建议采取适当的政策干预，以提高金融和整体福祉。"② 在"全球最大数字金融市场"的构想下，如何为数字金融的洪潮铺垫扎实的金融素养基础设施考探监管者的智慧，改善金融素养的制度环境正是时代语境下根本的供给侧变革。诚然，数字时代的金融素养培育机遇与挑战并存：从机遇来看，人工智能、大数据、区块链等新技术可以助力金融素养制度拓展。在市场端，以智能投顾为代表的新技术应用可有效提高金融市场产品的供给效率，技术赋能可实现对信息偏差的缓释；在监管端，以监管沙盒为代表的监管科技也可以为金融素养项目的实施提供试错与改良空间，克服制度运行的高成本。从挑战来看，技术衍生也会为市场带来新风险与新问题。在算法黑箱语境下，新技术支持下的产品与监管改进存在引发新一轮市场排斥的可能。因此，在系统性风险防范的语境下，数字时代金融市场的发展仍应不偏离服务社会、服务实体经济的功能定位，建立预防性与回应性兼具的金融消费者保护体系。因应数字金融挑战，应当尤其重视消费者数字与金融知识的赋能，在市场化与法治化轨道下不断拓展金融素养制度实践。

---

① OECD, *Policy Guidance on Digitalisation and Financial Literacy*, 2018, OECD, http://www. oecd. org/daf/fin/financial - education/G20 - OECD - INFE - Policy - Guidance - Digitalisation - Financial-Literacy-2018. pdf.

② Georgios Panos, "John Wilson, Financial Literacy and Responsible Finance in the FinTech era: Capabilities and Challenges", *The European Journal of Finance*, Vol. 26, No. 4 - 5, 2020, pp. 297 - 301.

第二章

金融素养国际探索的制度因应

金融素养（Financial Literacy），是指金融消费者应当具备的理解金融产品概念和风险、做出理性金融决策、有效获得金融支持与帮助等增进个人金融福利的能力。[①] 金融素养培育建立在主体决策与市场理性的逻辑关联之中，亦即通过主体行为偏差的矫正，改善系统性风险的生成节点，进而实现个体与市场发展的双赢。国外学者从金融排斥、金融普惠、金融自由和金融减贫等话语体系出发，论述了金融素养的功能性与实效性，研究结论显示金融素养致力于将消费者转变为具备责任意识和充分权能的市场参与者，有意愿、有能力理性处理信贷、保险、存款和投资等金融市场事宜。[②] 金融素养往往被视为促进金融消费者福利和防止掠夺性贷款的重要工具。[③]

金融素养培育植根于金融市场创新与深化进程的反思之中，并在金融危机的全球省思下愈发重视法律与政策工具的应用。多数国家的金融素养

[①] OECD, *PISA* 2012 *Assessment and Analytical Framework*：*Mathematics*，*Reading*，*Science*，*Problem Solving and Financial Literacy*，OECD Publishing, 2013.

[②] Willis L. E., "Evidence and Ideology in Assessing the Effectiveness of Financial Literacy Education", *San Diego Law Review*, Vol. 46, 2009, pp. 415-458; Blue L. E., Grootenboer P., "A Praxis Approach to Financial Literacy Education", *Journal of Curriculum Studies*, Vol. 51, 2019, pp. 755-770.

[③] Engelbrecht, L. K., "Financial literacy education：A social work poverty alleviation tool?", Pan-African Social Work Conference, Kampala：Uganda, 2007; Darriet E., Guille M., Vergnaud J., Shimizu M., "Money Illusion, Financial Literacy and Numeracy：Experimental Evidence", *Journal of Economic Psychology*, Vol. 76, 2020, pp. 1-12.

缺失为各国政府倡导和推行金融素养制度实践提供依据，在退休金融、零售金融等领域消费者主体责任的转嫁中，金融素养培育更成为政府责任转型的重要向度。[①] 在 2008 年国际金融危机的系统反思中，"金融文盲人口"在经济萧条中扮演着关键的角色，[②] 金融素养培育在后危机时代被视为一种普遍的、简单的和必要的对策方案。[③] 发达国家通过金融素养应对金融过度行为，而发展中国家可以通过金融素养实现金融市场政策的推行和个人金融困境的改变，促进国家经济增长。[④] 美国早在 2003 年依照《公平交易与信用核准法案》设立金融素养与教育委员会，并在《多德—弗兰克法案》颁布之后推行"促进美国金融成功：金融素养国家战略（2011）"；英国金融服务管理局依据《2000 年金融与服务市场法》和《2010 年金融服务法》先后推行"英国金融能力：持续改变（2006）"和"金钱咨询服务（2011）"两项旨在提升国民金融素养的国家战略。除此之外，澳大利亚、加拿大、韩国、日本、南非等均由政府主导推行金融素养国家战略、金融教育项目或特别行动规划。

    与发达国家相比，我国金融素养的理论研究稍显年轻，但越来越多的研究在一定程度上响应了实践发展的需求，并揭示了人们对金融素养水平差异引发的担忧。[⑤] 在区域性与全国性的定量评估研究中，我国家庭金融脆弱性普遍存在且脆弱性较高，[⑥] 金融素养的缺失是金融消费者群体面临

---

① OECD, *Recommendation on Principles and Good Practices for Financial Education and Awareness*, July, 2005, OECD, http://www.oecd.org/daf/fin/financial-education/35108560.pdf.

② Schickel K., "Financial Literacy Education: Simple Solutions to Mitigate a Major Crisis", *Journal of Law & Education*, Vol. 45, 2016, pp. 259–268.

③ Gallery G., Gallery N., "Rethinking Financial Literacy in the Aftermath of the Global Financial Crisis", *Panoeconomicus*, Vol. 19, 2010, pp. 30–50.

④ Kefela G., "Implications of Financial Literacy in Developing Countries", *African Journal of Business Management*, Vol. 5, 2011, pp. 3699–3705.

⑤ Jin M. and Yuan Y., "Financial Literacy Research in China: The Progress and the Role of Social Work", *Journal of Sociology & Social Welfare*, Vol. 46, 2019, pp. 131–158.

⑥ 张冀、于梦迪、曹杨：《金融素养与中国家庭金融脆弱性》，《吉林大学社会科学学报》2020 年第 4 期；何昇轩：《家庭成员对个人金融素养影响的研究》，《中国软科学》2020 年第 5 期。

的普遍问题，年龄、学历、收入和职业成为影响金融素养的重要因素。① 作为一项特定的人力资本，金融素养能够改善投资者的信息处理能力，降低家庭金融市场的参与成本，有利于理性金融决策的做出。② 金融素养过度自信会也会增强风险偏好，提高相关金融市场非理性行为的生成率。③ 通过金融知识的普及教育，提高金融消费者自我评估的能力，减少消费者因自身专业知识的不足而对金融机构产生的依赖与盲目信任可以从根本上维护金融消费者利益免受损害。④ 2013 年央行会同银监会、证监会和保监会研究制定《中国金融教育国家战略》，央行金融消费者权益保护局也从同年开始每隔两年发布《消费者金融素养调查分析报告》；⑤ 相继出台的《银行业消费者权益保护工作指引》（2013）、《关于加强金融消费者权益保护工作的指导意见》（2015）和《金融消费者权益保护实施办法》（2016）等政策文件从维护金融消费者受教育权、完善监督管理体制、贯彻"预防为先、教育为主"原则等方面明确提升金融素养的重要性。金融素养作为一种预防性保护措施业已成为金融消费者保护的有效补充方案。⑥

　　诚然，金融素养战略的高成本及其可能引发的"自由主义泛滥"和

---

①　王宇熹、范洁：《消费者金融素养影响因素研究——基于上海地区问卷调查数据的实证分析》，《金融理论与实践》2015 年第 3 期；刘国强：《我国消费者金融素养现状研究——基于 2017 年消费者金融素养问卷调查》，《金融研究》2018 年第 3 期。

②　朱涛、钱锐、李苏南：《金融素养与教育水平对家庭金融行为影响的实证研究》，《金融纵横》2015 年第 5 期。

③　胡振、臧日宏：《金融素养过度自信影响股票市场参与吗？——基于中国城镇家庭的微观数据》，《北京工商大学学报》（社会科学版）2016 年第 6 期。

④　赵煊：《认知偏误对金融消费者保护的影响——以零售金融产品为例》，《经济研究》2011 年 S1 期。

⑤　全国人民银行金融消费权益保护局于 2013 年和 2015 年针对消费者金融素养情况进行了两次全国范围内的试点调查，收到了较好的效果。中国人民银行办公厅于 2016 年 1 月 11 日下发《关于建立消费者金融素养问卷调查制度（试行）的通知》（银办发〔2016〕8 号），正式建立了消费者金融素养问卷调查制度。2017 年开始在全国 31 个省级行政单位（除港澳台地区）每两年全面开展一次消费者金融素养问卷调查。

⑥　王华庆：《开展金融知识普及活动提升消费者金融素养》，《金融时报》2013 年 8 月 26 日第 1 版。

"消费者强权"为金融素养培育的实效性蒙上阴影,① 但国际领域的政策与监管协同为金融素养制度实践的可持续奠定了基础。以经合组织、世界银行、国际证券事务监察委员会组织（IOSCO）（以下简称"国际证监会组织"）为代表的国际组织自 21 世纪初以来，针对全球金融素养的制度实践出台多项相关举措（见表 2-1）。国际探索的蓬勃发展在证成金融素养命题重要性的同时，也为各国金融素养培育实践的开展提供了有益的智识支撑。在金融素养培育国际合作日趋频繁的背景下，统筹国际资源、厘清制度理路是提升我国金融素养培育有效性与国际化的重要路径。有鉴于此，本章立足于金融素养培育国际合作的实践源流，在静态框架与动态变迁的分析基础上，剖析金融素养培育实践的关键制度节点。

表 2-1　　　　　　　　　　　　金融素养培育重要文件概览

年份	机构	主题
2005	OECD	关于金融教育与意识的原则和良好做法的建议（Recommendation on Principles and Good Practices for Financial Education and Awareness）
2005	OECD	提高金融素养：问题与政策分析（Improving Financial Literacy：Analysis of Issues and Policies）
2008	OECD	关于与私人养恤金有关的金融教育良好做法的建议（Recommendation of the Council on Good Practices for Financial Education relating to Private Pensions）
2008	OECD	加强保险领域风险意识与教育的良好做法的建议（Recommendation of the Council on Good Practices for Enhanced Risk Awareness and Education on Insurance issue）
2009	OECD	关于信贷方面的金融教育和认识的良好做法的建议（Recommendation of the Council on Good Practices on Financial Education and Awareness relating to Credit）
2009	OECD	金融教育与危机：政策文件及指引（Financial Education and the Crisis：Policy Paper and Guidance）
2010	OECD	金融教育项目评估指南（Guide to Evaluating Financial Education Programmes）
2011	OECD	金融消费者保护高级别原则（High-level Principles on Financial Consumer Protection）
2011	OECD	衡量金融素养：金融素养国际比较调查的问卷及指引（Measuring Financial Literacy：Questionnaire and Guidance Notes for conducting an Internationally Comparable Survey of Financial literacy）
2012	WB	金融消费者保护的良好经验（Good Practices for Financial Consumer Protection）

---

①　Willis L. E.，"Against Financial-literacy Education"，*Iowa Law Review*，Vol. 94，2008，pp. 197-285.；Arthur C.，*Financial Literacy Education：Neoliberalism, the Consumer and the Citizen*，The Netherlands：Sense Publishers，2012.

续表

年份	机构	主题
2012	OECD	金融教育国家战略高级原则（High-level Principles on National Strategy for Financial Education）
2012	OECD	金融教育项目评估高级原则（High-level Principles for the Evaluation of Financial Education Programmes）
2013	OECD	推进金融教育国家战略（Advancing National Strategies for Financial Education）
2013	OECD	评估金融素养项目：调查、证据、政策工具与指引（Evaluating Financial Education Programmes: Survey, Evidence, Policy Instruments and Guidance）
2013	IOSCO	复杂金融产品分销的适当性要求（Suitability Requirements for the Distribution of Complex Financial Products）
2013	IOSCO	与投资服务有关的投资者教育活动报告（Report on Investor Education Initiatives relating to Investment Services）
2013	WB	用于评估低收入和中等收入国家金融能力项目的工具包（A Toolkit for the Evaluation of Financial Capability Programs in Low- and Middle-income Countries）
2013	WB	衡量金融能力：低收入和中等收入国家的一种新工具和成果（Measuring Financial Capability: a New Instrument and Results from Low- and Middle-income Countries）
2014	IOSCO	投资者教育与金融素养战略框架（Strategic Framework for Investor Education and Financial Literacy）
2014	WB	金融教育项目与框架：路径与可用资源（Financial Education Programs and Strategies Approaches and Available Resources）
2012	WB	金融消费者保护的良好经验（Good Practices for Financial Consumer Protection）
2015	OECD	衡量金融素养和普惠金融的工具包（Toolkit for Measuring Financial Literacy and Financial Inclusion）
2015	OECD	金融教育国家战略政策手册（National Strategies for Financial Education）
2015	WB	金融消费者保护与金融素养举措的全局映射（Global Mapping of Financial Consumer Protection & Financial Literacy Initiatives）
2015	IOSCO	投资风险教育的良好实践（Sound Practices for Investment Risk Education）
2015	OECD	青年人金融素养的核心能力框架（Core Competencies Framework on Financial Literacy for Youth）
2016	OECD	成年人金融素养的核心能力框架（Core Competencies Framework on Financial Literacy for Adults）
2017	OECD	投资者教育政策框架（Policy Framework for Investor Education）
2017	OECD	二十国集团成人金融素养报告（Report on Adult Financial Literacy in G20 Countries）
2017	OECD	确保数字时代的金融教育和消费者保护（Ensuring Financial Education and Consumer Protection for all in the Digital Age）
2018	OECD	中小微企业金融素养的核心能力框架（Core Competencies Framework on Financial Literacy for MSMEs）

续表

年份	机构	主题
2018	OECD	关于数字化和金融素养的政策指引（Policy Guidance on Digitalisation and Financial Literacy）
2018	OECD	数字时代金融消费者保护的政策指导（Policy Guidance on Financial Consumer Protection Approaches in the Digital Age）
2018	IOSCO OECD	将行为洞察力应用于金融素养和投资者教育计划与举措（The Application of Behavioural Insights to Financial Literacy and Investor Education Programmes and Initiatives）
2019	OECD	亚太经合组织经济体系金融教育报告：数码世界的政策与实践（Report on Financial Education in APEC Economies：Policy and Practice in a Digital World）
2019	IOSCO	行为洞察力在散户投资者保护中的应用（The Application of Behavioural Insights to Retail Investor Protection）
2019	IOSCO	关于复杂金融产品分销的适当性要求的专题审查（Thematic Review on Suitability Requirements with respect to the Distribution of Complex Financial Products）
2019	IOSCO OECD	投资者金融素养核心能力框架（Core Competencies Framework on Financial Literacy for Investors）

一　金融素养培育国际探索的主体框架

金融素养与金融消费者保护、金融普惠、金融创新等金融市场发展关键场域的理论勾连为多元国际组织的制度嵌入提供了现实依据。2015 年，应全球普惠金融合作伙伴组织（The Global Partnership for Financial Inclusion，GPFI）的要求，世界银行发布《金融消费者保护与金融素养举措的全局映射》，汇总现有金融素养培育的国际性参与者及其政策措施与资源运用。报告显示，金融素养培育并非单一国际组织孤立、零散的尝试，而是在多元化国际组织参与下的整体推进。① 具体而言，金融素养培育的国际合作表现在政府、社会与市场三种维度。

---

① World Bank，*Global Mapping of Financial Consumer Protection and Financial Literacy Initiatives*，http：//documents. worldbank. org/curated/en/946511472717353466/pdf/108111－WP－P123485－PUBLIC. pdf.

（一）政府间国际组织的合作倡导

政府间国际组织因其在资源统筹、政策约束力等方面具有优势，在金融素养培育的国际合作中发挥主导性作用。以经合组织为例，作为以应对全球化发展与治理命题为己任，秉承"为更好生活的更好政策"（Better Policies for Better Lives）目标理念的政府间国际经济组织，经合组织对金融素养培育命题的关注表现在金融教育、金融消费者保护、金融普惠以及公司治理等各个板块的政策讨论之中。2002 年，经合组织开始实施首个金融教育项目；2006 年经合组织设立国际金融教育网络（International Network on Financial Education，INFE），为全球金融教育计划与项目的推进提供政策支撑。21 世纪以来，经合组织针对金融教育、金融消费者保护、金融素养培育等命题发布多份政策建议，为全球金融素养培育制度实践提供重要智识保障。无独有偶，作为重要的国际性金融组织，世界银行在金融素养培育的全球制度实践中也发挥着举足轻重的作用。21 世纪以来，在俄罗斯的支持下世界银行通过"金融素养与教育信托基金"（The World Bank Financial Literacy and Education Trust Fund）的项目运转，对中低收入国家金融素养与教育战略的实效性进行评测。信托基金项目的运作动机明确指出：[1]

政府间国际组织主导下的金融素养培育实践表现出两种不同的语境设定：一方面，以经合组织、世界银行、国际金融公司（International Finance Corporation，IFC）为代表的国际组织更加重视素养培育的"基础设施"内涵。"金融市场的运作需要人们接受金融创新，而充分的金融知识和能力是人们接受金融创新的必要基础。"[2] 相关实践强调素养水平的评估、素养培育的政策框架以及核心数据的国际交流等，重在凸显金融素

---

[1]　World Bank, *Measuring Financial Capability and the Effectiveness of Financial Education: Overview of the World Bank Trust Fund Supported by the Russian Federation* (*English*), 2012, Financial Literacy and Education Russia Trust Fund, Washington, DC: World Bank, http://documents. worldbank. org/curated/en/261411468332944255/Measuring-financial-capability-and-the-effectiveness-of-financial-education-overview-of-the-World-Bank-Trust-Fund-supported-by-the-Russian-Federation.

[2]　Oscar Stolper, Andreas Walter, "Financial Literacy, Financial Advice, and Financial Behavior", *Journal of Business Economics*, Vol. 87, No. 5, March 2017, p. 636.

养对金融市场创新与深化的基础性价值。另一方面，以联合国、国际劳工组织（International Labor Organization, ILO）以及区域性国际金融机构为代表的国际组织更加强调素养培育的"金融包容"内涵。"金融并非'为了赚钱而赚钱'，金融的存在是为了帮助实现其他的目标，即社会的目标。"① 相关实践更多从机构的职能定位出发，针对中低收入国家或目标区域国家，通过目标群体金融能力的提升，最终促进个人与地区经济局面的改善。②

（二）专业性国际机构的规则嵌入

不同于政府间国际组织较为宏观的金融素养制度进路，专业性国际机构的金融素养实践表现出较强的功能导向，具体表现在：第一，聚焦机构功能项下的社会问题应对。制度发展中问题导向的确立有利于金融素养培育实践的"下沉"与"落地"。例如，支付与市场基础设施委员会（Committee on Payments and Market Infrastructures, CPMI）聚焦金融普惠进程中因支付问题引发的金融知识普及需求。再如，国际证监会组织立足国际证券监管规则与金融素养培育的制度连接点，确立投资者教育的问题导向。③ 第二，立足现有监管资源的嵌入。"金融素养的大厦正在监管领域迅速扩张"④，专业性国际组织将素养标准嵌入监管规则，运用现有合作框架有效推进政策施行。例如，美洲银行监管协会（Association of Supervisors of Banks of the Americas, ASBA）通过向成员国监管机构提供政策培训、借助专业机构开展区域性调查提升金融素养制度决策的有效性。第三，更趋专业性的方案供给。沿袭政府间国际组织的"金融普惠"进路，金融素养培育成为金融包容项下专业性国际机构的重要工具仰仗。例如，

---

① ［美］罗伯特·席勒：《金融与好的社会》，束宇译，中信出版社 2012 年版，第 10 页。

② 例如，联合国资本开发基金组织（United Nations Capital Development Fund, UNCDF）针对斐济的金融教育课程开放项目、亚洲开发银行（The Asian Development Bank, ADB）在巴基斯坦、菲律宾等第资助的金融素养项目、美洲开发银行（The Inter-American Development Bank, IDB）在特立尼达和多巴哥组织的小微企业家金融素养项目等。

③ 国际证监会组织于 2013 年成立个人投资者委员会（Committee on Retail Investor），旨在应对金融服务多样化与养老责任个人化场景下的投资者教育与金融知识普及难题。

④ Oliver Williams, Stephen Satchell, "Social Welfare Issues of Financial Literacy and Their Implications for Regulation", *Journal of regulatory economics*, Vol. 40, 2011, p. 5.

金融包容性联盟（Alliance for Financial Inclusion，AFI）将金融素养培育作为消费者权力与市场行为工作组（Consumer Empowerment and Market Conduct，CEMC）的五个优先事项之一。再如，安信永普惠金融中心（ACCION's Centre for Financial Inclusion，CFI）也通过金融素养模块的运转实现金融服务中消费者的赋能。①

（三）金融机构资助下的项目拓展

金融素养计划与项目的实施离不开充足的资金支持，在公共财政的资金统筹之外，私营部门自愿的资金捐助是金融素养得以制度化、常态化拓展的有力保障。在金融素养培育的国际合作中，金融集团通过自有基金会支持金融素养评估、实践以及国际交流活动已逐渐成为常态。例如，花旗集团基金会（Citi Foundation）资助的全球金融教育项目，金融能力创新基金以及金融能力研究基金、万事达基金会（MasterCard Foundation）针对发展中国家的青年金融素养提升计划，维萨公司（Visa Inc.）倡导的金融素养免费创新项目与区域性金融教育计划等。虽然基金会因其金融机构背景而存在介入金融素养实践的动机质疑，但是从实践效果而言，基金会更多表现出金融素养国际合作在社会维度的协同，即私人资本与社会化制度实践的有机融合。

二　金融素养培育国际探索的现实源流

国际社会对金融素养的重视程度伴随金融深化进程而不断强化。从初期的知识普及，到中期的价值发现，再到近期制度化语境下的精耕细作，金融素养经由实践拓展而逐渐剥离出具有政策化与法制化倾向的制度属性。从发展线索来看，金融素养培育的制度升级得益于典型事件的发生与关键性政策文本的发布实施：一方面，2008 年国际金融危机的发生为金融素养经由金融消费者保护通道获得监管认同，制度实践从萌芽走向证立；另一方面，2013 年《推进金融教育的国家战略》的出台标志着金融

---

① 据世界银行报告披露，安信永与印度 33 家小额信贷机构合作，在基本金融规划方面培训了 3.8 万多人。

素养培育进入常态化、标准化的政策实施阶段，而后在一系列政策文件的指引下，金融素养培育开始与具体的金融市场政策结合、细化。

（一）萌芽阶段（2008 年之前）：助力金融决策的认知倡导

2008 年国际金融危机发生前，经合组织已经开始从金融市场风险的复杂性出发，提出立足个人做出更好金融决策的金融教育政策倡导。2005 年，经合组织出版了第一部有关国际层面金融素养制度实践的报告——《提高金融素养：问题与政策分析》。该报告指出，经济社会三个方面的问题凸显为金融教育政策的供给提供了现实依据：[①]

> 第一，随着政府开始缩减国家支持的社会保障计划的福利，以及提供固定福利计划的雇主数量减少，越来越多的工人将不得不依靠固定缴款养老金和个人储蓄为退休后的生活提供资金。
>
> 第二，消费者债务已升至历史最高水平，而金融市场的放松管制已导致对新信用卡持卡人的竞争加剧。因此，许多年轻人在试图成家买房的时候都背负着沉重的债务负担。
>
> 第三，随着电子金融交易数量的增长，个人至少拥有一个银行账户变得越来越重要。然而，在一些国家，很大比例的消费者不参与金融体系。少数族裔消费者的这一比例甚至更高。

由此观之，社会保障个人责任的强化、消费者债务水平的提升以及电子金融交易的扩张使得金融产品属性与民众主体能力之间产生智识鸿沟。考虑到金融教育对个人决策与金融市场体系的效益传导机制，经合组织倡导各国应当在现有金融监管框架内，统筹社会资源，重视民众金融素养水平的提升。同年，经合组织金融与企业事务理事会（Directorate for Financial and Enterprise Affairs）发布《关于金融教育与认知的原则及良好做法的建议》，从金融教育对消费者、地区金融秩序与国际金融市场的重要性出发，对成员国金融教育与认知的工作开展提出方向性建议。

"金融素养是影响行为主体资产配置选择的重要因素，缺乏金融素养

---

① OECD, *Improving Financial Literacy: Analysis of Issues and Policies*, OECD Publishing, 2005, p. 11.

容易导致行为主体做出错误的金融决策。"① 萌芽阶段金融素养培育的国际探索从"个体知识—决策行为—社会福利"的行为经济学进路出发，力争通过金融知识的有效供给，提升金融决策的合理性，最终实现金融市场的社会整体福利产出。尽管萌芽阶段的金融素养培育仅仅表现为金融市场深化发展的预防性措施，但是金融教育的基础性、适当性与公共性在相关报告文件中得到了前瞻性体现。首先，相对于常规意义的金融市场信息法定披露，金融教育是一种更为优先、更趋基础的消费者权益保护手段。金融教育的基础地位意味着国家政策的推进面临相对复杂的社会实际：面对各国金融市场发展的不同现状，金融教育应当着眼高度优先的问题；面对金融市场不同的目标受众群体，金融教育则应在回应性之外，探索长期、系统的程式化推进。其次，金融教育的制度建设应当注重适当性原则的贯彻。金融教育的适当性包括项目实施的适当性与项目效果的适当性两个部分。从项目实施而言，金融教育项目的开展仍应考虑充分的成本收益，并在不同群体的推行中保持必要的公正与独立。从项目效果而言，交易体系内的金融教育推动有赖于缔约自由原则下违约机制的倾斜设计。进而言之，适当性原则可以被理解为在项目设计中贯彻"权利义务相一致"原则，即不因金融教育的政策倾斜造成金融交易秩序内部的公平缺失，也不因金融教育活动开展的相对化与片面化，造成金融教育领域的新一轮"排斥"。最后，金融教育的制度拓展有赖于公共问题导向下的政府主导与社会协同。经合组织相关建议明确提出，应当将金融教育内化到金融监管的行政框架之中，通过政府责任的有效发挥，形成金融教育的长效运行机制。而在政府主导之外，也应重视作为利益相关方的金融机构的重要作用，即要求金融机构将金融教育内化为公司治理的重要维度。由此，金融教育制度运行的"政府—市场"理路因此得以确立。

（二）证立阶段（2008—2013 年）：内嵌于金融消费者保护的金融教育

2008 年国际金融危机的发生引发了世界舆论对金融消费者保护议题的高度关注，金融素养作为金融消费者能力提升的题中之义，也得到诸多国际组织政策建议的认可。2011 年，应二十国集团财长和央行行长会议

---

① 单德朋：《金融素养与城市贫困》，《中国工业经济》2019 年第 4 期。

的呼吁，经合组织金融市场委员会（the Committee on Financial Markets, CMF）金融消费者保护小组（the Task Force on Financial Consumer Protection）主导制定《金融消费者保护的高级原则》，"金融教育与认知"被视为全球金融消费者保护工作的十大原则之一。该原则指出：①

　　　　所有相关的利益相关者都应加强对金融的教育和认识，消费者应容易获得关于消费者保护、权利和责任的明确信息。应该建立适当的机制，帮助现有和未来的消费者发展知识、技能和信心，以适当地了解风险，包括金融风险和机会，作出明智的选择，知道向何处寻求援助，并采取有效行动来改善自己的财务状况。

　　　　应促进提供广泛的金融教育和信息，以加深消费者的金融知识和能力，特别是对弱势群体。

　　　　考虑到国家情况，应鼓励金融教育和认识，作为更广泛的金融消费者保护和教育战略的一部分，提供各种适当的渠道，并应在早期开始，所有生命阶段都可获得。有关金融教育的具体方案和方法应针对金融消费者的脆弱群体。

　　　　应鼓励所有利益相关者执行经合组织国际金融教育网络（INFE）制定的金融教育国际原则和准则。国家机构和有关国际组织应进一步汇编有关金融教育和认识的国家与国际可比资料，以便评估和提高金融教育方法的效力。

无独有偶，世界银行也在 2012 年发布的《金融消费者保护的良好经验》中提出五条立足"金融教育与消费者自我保护能力"的重要原则：②

　　　　32. 为提高全民的金融知识水平，应当制定一个广泛的金融教育和信息计划。

　　　　33. 在增强金融知识水平计划的制定和执行过程中应当包括一系

---

① G20, *High-level Principles on Financial Consumer Protection*, OECD, October 2011, https://www.oecd.org/finance/financial-education/g20-oecd-task-force-financial-consumer-protection.htm#.

② 世界银行：《金融消费者保护的良好经验》，中国人民银行金融消费者保护局译，中国金融出版社 2013 年版，第 10 页。

列的机构，如政府、国家机构、非政府组织等。同时，政府应当指定一个政府部门（如财政部）、中央银行或者金融监管机构来领导和协调该计划的制定和执行。

34. 应采取一些创新的举措增强各年龄段消费者的金融知识水平，包括鼓励媒体报道有关消费金融的各类问题，如金融服务中的消费者保护。

35. 政府、国家机构应与消费者、行业协会、金融机构进行协商，以使增强民众金融知识水平的计划能够满足消费者的需求和期望。同时，政府应当进行消费者测试，以使该计划中的新举措，包括信息披露和纠纷解决等，能够达到预期的目的。

36. 消费者的金融知识水平和消费者自我保护能力的提升措施要通过长期、广泛的家庭调查来衡量，以了解当前政策是否具有对金融市场的预期影响。

在金融消费者保护的内嵌之外，金融素养培育的独立性价值也在本阶段得到证立。金融危机伊始，国际金融教育网络就曾发布《金融教育与危机：政策文件与指引》，痛陈金融知识匮乏对全球性危机蔓延的重要影响。在前期大量金融教育与金融素养评估项目的孵化基础上，上升到国家政策与制度层面的金融素养培育方案呼之欲出。2012 年，经过多番的磋商与论证，经合组织应二十国集团的要求正式发布《金融教育国家战略高级原则》。面对金融教育的多样性需求与金融教育战略开展的多元化路径，《金融教育国家战略高级原则》的出台旨在为各国政府的资源协调与统筹提供可借鉴、可操作的发展样本。2013 年，二十国集团与经合组织联合发布《推进金融教育的国家战略》，对全球 22 个主要国家和地区的金融教育战略运行现状进行检视，[1] 实质性推动《国家金融教育战略高级原则》的落地实施。相比于经合组织前期大量的政策厘定，《推进金融教育的国家战略》更重视实践镜像与发展问题的客观分析，并适时对前期政策导向进行调试。而后，世界银行与经合组织于 2014 年和 2015 年相继发

① 本份文件从内容上分为执行摘要与各国概况两个部分，执行摘要中经合组织对现有金融教育国家战略实施的现状、特征与未来发展方向做出详尽阐释，而各国概况源于美国、英国、澳大利亚、巴西等过提交的进展报告。

布《金融教育项目与战略：路径与可利用资源》《金融教育国家战略政策手册》，从工具层面进一步为金融素养的全球制度实践提供保障。正如经合组织报告指出的那般，"金融教育已成为市场行为和审慎监管的重要补充，改善个人金融行为已成为许多国家的长期政策重点"①。相比于早期金融教育发展的原则性建议，内嵌于金融消费者保护之中的金融教育具备更多的政策拓展环节。从涉及主体来看，经合组织从"政府—市场"的视域拓展到利益相关者维度，主体范围的多元涵摄更有利于金融教育活动开展的社会协同。从制度导向来看，金融教育并非单纯的战略宣示，而是内嵌于消费者权利具象的制度环节，因而在未来的发展中具备更多的制度节点。

金融教育国家战略高级原则②

一、定义，范围和目的

金融教育国家战略（在文件的其余部分称为"国家战略"或国家战略）被定义为"一个由适合的框架或方案组成的关于金融教育的国家协调方法"，包括：

1. 认识到金融教育的重要性——包括可能通过立法的方式——并根据已确定的国家需求和差距，在国家层面界定其含义和范围；

2. 涉及不同利益相关者的合作以及确定国家领导人或协调机构/理事会；

3. 制定路线图，在规定的时间内实现特定的、预定的目标；

4. 为各个项目提供指导，以有效且适当地为国家战略作出贡献（第五部分）。

在开发国家战略的过程中，没有一刀切的模式或流程。开发国家战略的过程及其框架的设计应解决各个国家的具体问题，并适应各国的短期和长期政策目标。

国家战略可以是整体方法的一部分或补充，该方法旨在通过加强

---

① OECD, *High-level Principles on National Strategies for Financial Education*, OECD, http：// www.oecd.org/daf/fin/financial-education/OECD-INFE-Principles-National-Strategies-Financial-Education.pdf.

② 相关内容由伍俊豪整理并翻译。

对一系列受监管金融服务的获取，或适当的金融包容性和/或改进的金融消费者保护框架，以在金融方面增强消费者和投资者的能力；或者更广泛地说，促进健全和公平的金融市场的发展和维护金融稳定。

无论它们是否属于更广泛的战略的一部分，国家战略的开发必须与有关普惠金融和金融消费者保护的国家战略或倡议保持一致，反映出 G20 和 OECD/INFE 推动的金融消费者赋权三部曲方法的必要性。

根据各国的实际情况，可以采取不同的路径来建立和实施国家战略。因此，以下四节的表述（反映了上述国家战略定义）不意味着一个先后顺序，因为国家战略的主要元素可以在不同的时间或同时在不同的国家实施，这取决于各个国家的背景。

金融素养部分的具体目标可以从提高消费者和投资者对金融问题的认识、信心、知识和理解，到做出更明智的金融决策。它们还可以包括更有针对性的优先事项，包括向特定的、潜在的弱势群体伸出援手，以及处理已被确定的政策重点。

国家战略的准备、开发及其实现可能涉及不同的和主体时间段。

考虑到经验的多样性，OECD/INFE 应继续提供一个同行学习的平台，通过该平台，已开发国家战略的国家可以分享它们的经验教训。

二、制定国家战略：通过评估、制作和咨询确定其范围和目的

理想情况下，国家战略的开发应该包括适当的评估、制作和沟通，以及准备调查的一系列完整过程。此类准备工作最好由政府、公共机构、监管机构或国家咨询/指导机构推动。

为了避免失去动力，又同时考虑到可能的挑战（包括政治意愿和可用资源），应及时采取这一准备步骤，或在设计共同框架（见第三节和第四节）及其执行（第五节）的同时采取这一准备步骤。

为了提高国家层面对金融素养的认识水平，在各利益相关方之间建立信任，确定最佳的协调方式，并确保国家层面的相关性，国家战略的开发过程非常重要。它还有助于确定国家战略的领导机构，并建立充分的协调机制，为实施做好准备。

（一）制作和评估现有的计划

准备阶段应主要包括制作和评估：

1. 由公共、私营和民间社会利益相关方推动的现有金融教育

举措；

2. 相关研究和文献；

3. 国际惯例（包括 OECD 和 INFE 的工具、分析和比较调查、发现和建议）。

制作工作应允许识别相关和可信的合作伙伴、可操作和可复制的做法，以及可能的低效和/或分歧。

（二）评估人口和主要政策问题的需要

还应评估人口在金融素养方面的需要和国家政策的主要缺点。这样的评估最好是基于国家对金融素养的评估。

评估还可以从消费者调查、市场研究、民意调查、消费者投诉、金融市场调查、金融和经济指标或其他咨询程序等来源获得信息。

评估应有助于更好地定义国家战略的主要目标、优先事项和短期和长期目标，并提供一个基线来衡量变化。

（三）咨询

在此准备阶段，还应确定并启动一种或多种机制，以确保各个国家战略利益相关方（也可能是一般公众）之间的协商和协调。

该机制可以包括协商过程和/或创建一个专门的平台或理事会（包括利益相关者）。这些结构的范围和形式将取决于各国的情况。

（四）国家意识和沟通

应积极向利益相关者和公众宣传推广准备阶段的沟通结果和国家战略的正式发布。

适当的沟通有助于进一步提高对金融教育和国家战略重要性的认识，并加强关键利益相关者和广大民众的支持。

三、治理机制和主要利益相关者在国家战略中的作用

国家战略框架应根据各国国情进行调整并保持灵活。它还应依靠一个有明确的领导权威，且透明的协调和治理机制，让相关利益相关方明确界定自己的角色和责任。

（一）领导和管理结构

国家战略最好由一个被广泛信赖和公正的领导权威或治理机构发起、开发和监督。它应该在最高政策层面得到承认和推广。这样的领导权威或治理机制应该具备金融教育（或包括金融教育在内的消费者赋权问题）方面的专业知识，在理想情况下，该权威还应该将国家战

略作为专门任务。它还应该有必要的资源和可能的执行权力，使其能够发展和确保适当地实施适合国家的、可持续的和高效的国家战略。

领导机构或治理机制可以是一个现有的公共机构（政府、公共机构监管机构或理事会），或是一个新的专门机构或旨在协调各种负责机构的新机制。这种新的结构可以采取各种形式，可以涉及一系列利益相关方，并得到其财政支持。

（二）协调各方以及不同利益相关者的角色和责任

国家战略框架应包括在国家层面上的跨部门协调，由有能力并对金融教育感兴趣的各利益相关方共同参与。这种协调应包括与主要利益相关者的专长、优势、利益和资源相一致的职责和角色的设定。它应具有足够的灵活性，以适应不断变化的情况，并允许有关的利益相关方在必要时重新谈判，以便更好地协调各种金融教育方案，避免不必要的重复。

1. 政府当局

所有潜在的公共利益相关者都应尽可能参与进来，包括各个部门（特别是财政部和教育部）、中央银行、金融监管机构和监督员，以及其他国家、地区和地方公共机构。

具体机构视国家情况而定，但公共机构的参与至少应包括：

（1）与其他利益相关方协商，准备和建立国家战略框架；

（2）确定金融教育的首要目标和国家优先事项；

（3）通过提供适当和高质量的金融教育课程，设计和/或推广有效和灵活的监管、指导、质量标准、行为守则和/或执照，以实现这些目标。

公共机构的行动不应取代或重复非公共利益相关方的现有有效措施，而应努力协调、促进、加强和确保所有利益相关方的行动质量。

2. 私营部门和金融服务提供者

由于市场参与者，特别是金融机构的专业知识和资源，他们在金融教育和国家战略发展中的作用，应该作为其社会责任和良好治理的组成部分加以促进。

同时，应监督和指导私营部门对金融教育的贡献，以管理潜在的利益冲突。应鼓励国家协会或自我管理机构的参与，并鼓励私人赞助的公共或民间方案。应为私营部门制定和实施金融教育计划制定专门的国家、国际质量标准、章程、行为准则；并积极支持私人参与者执行这些方案。更普遍地说，私营部门制订金融教育方案不应涉及推广和（或）推销具体的金融产品或服务。

私营部门和金融服务提供商的行动可以采取多种形式，包括参与国家战略框架的准备和/或开发、实施金融教育倡议、提供专门的材料或培训项目、参与公私伙伴关系以及支持公共或民间的倡议。

3. 其他民间团体和国际利益相关方

其他合作伙伴，如相关非政府组织、工会、消费者协会、雇主、媒体和其他国家传播者（如公务员）也应参与国家战略框架的开发、实施。

应进一步鼓励国际合作，包括通过 OECD、INFE 进行合作，以促进国家战略的高效发展。

四、国家战略路线图：关键重点、目标受众、影响评估和资源

国家战略框架应包括量身定制的路线图设计，以及全面的、跨部门的未来愿景；现实的、可衡量的和有时限的目标；以及相关政策重点的定义以及相关的目标受众。它还应包括全面的影响评估和确定适当的资源。

路线图应该足够灵活，并考虑到国家的动态情况（包括政治环境）。应该通过研究和分析，定期审议路线图，以确保其内容持续具有相关性。

（一）共同确定的目标和政策重点

国家战略框架应定义一个全面的跨部门愿景，并根据筹备阶段的调查结果和国家的情况，为国家战略设定一般的、现实的和可衡量的目标和政策重点。

这些目标和政策重点最好包括量身定制的短期和中期产出路线图的设计，预期的长期成果，以及国家战略和相关政策重点设定定量的和可能的定性目标。

路线图还应包括实现这些目标和相关政策重点的时间表。

根据各国国情，政策重点可以包括增加获得和使用适当金融服务的机会、更适当的储蓄和投资、减少负债等和负责任的信贷、提高退休储蓄和养老金的水平与质量，以及在风险和保险方面做出更明智的决定。

（二）目标受众

国家战略框架及其路线图应提倡在个人生活中尽早引入金融教育，最好是将其纳入学校课程内。

根据筹备调查的结果，该框架还应指出国家战略的主要目标受众和优先事项，如果有必要，还应重点关注人口中的特定弱势群体。

原则上，国家战略的目标应该是确保所有人群都具备金融知识。在实践中，根据国家情况和特定的需求，针对特定（弱势）群体采取更密集的干预措施或投入更多资源。这些群体可能包括老年人、青年、移民、低收入群体、妇女、工人、失业者以及讲不同语言的社区和种族群体。

（三）整体影响评估

方法应该在国家战略框架及其路线图中确定，以便评估国家战略的实施，并提供其影响的总体衡量方法。

总体影响最好通过制定国家金融素养调查来评估，该调查计划在国家战略开始时进行，并定期举行（如每3—7年）。

这些调查可以使用各种方法进行，包括OECD/INFE的专用方法。这些定期调查可以与制定其他指标结合起来，以监测政策的影响和金融素养技能与需求以及定性调查的演变。

（四）资源

理想情况下，财政和实物资源应指定用于国家战略的开发、实施和评估，如果不是用于整个战略，至少应由每一个主要利益相关方指定用途。如果路线图定义了一些特定的项目，这一点就尤其重要。

应考虑结合各种公共和私人财政资源，以及有针对性的伙伴提供的资金。应积极鼓励私营企业对国家战略的财政贡献。

私营企业的财政捐助包括缴税、通过财政和实物支持公共和民间社会金融教育方案，或通过国家协会或自律机构捐助。

五、实施国家战略：执行机制和方案评价

国家战略框架及其路线图应该为金融教育项目的交付、实施和评估提供理想的方向。

根据各国的具体情况，国家战略框架（第二节、第三节和第四节）的制定和实施可能涉及不同的主体、资源和时间框架。

（一）交付方法、培训和工具

国家战略框架最好根据已积累的良好实践经验和正在进行的研

究，就最有效的交付方法和工具提出一般性建议。

应包括：

1. 采用广泛而适当的、适合广大人口和目标群体情况的交付方法和传播渠道；

2. 定期向社区和个人进行金融教育；

3. 对金融教育的传播者和提供者进行适当的培训；

4. 由主管公共机构制定和促进有针对性的规章制度、质量标准和行为守则，并由金融教育方案的提供者实施。

（二）项目的影响和过程评价

还应积极促进对国家战略作出贡献的个人金融教育方案的监测和影响评估，并将其作为相关方案的一部分加以发展。应该推荐使用已经确定的和可用的方法。

国家战略还可以包括以下有关提供和交付金融教育课程的指导：

1. 应评估目标群体的偏好和需要，以便设计、发展和评价有针对性和适应性的传播工具。包括：

开展广泛和有针对性的活动，使公众了解金融教育的必要性以及重要的风险和财务问题；应在国家和（或）区域一级定期开展这些活动。

应建立和维持一个带有网上信息和建议的客观的、可交互的网站，最好由公共利益相关方负责。可以包括不同类型的金融产品的比较。应广泛宣传这一信息来源，并向消费者提供适当的激励措施，鼓励他们获取和使用它。

其他适当的工具包括纸张材料、研讨会和培训，以及咨询中心等。

2. 应特别注意提供金融教育的质量和时机：

金融教育的提供应该尽可能直接和吸引人，也应包括交互式工具和建议，如预算计划，以帮助个人做出适当的财务决定；

还应促进旨在影响消费者金融行为而不是提高其金融知识的创新工具的开发、使用和评价。这包括使用社交营销工具或行为经济学和心理学研究的相关发现；

另外，金融教育最好是利用个人或社区的"教育契机"（teach-ablemoments）进行，即他们正在制定长期计划、需要或即将做出重要

（财务）决定的时候（例如结婚、怀孕、找到新工作、离婚、退休、失业时等）或当他们在一个有利于学习的环境时（如学校，成人教育学院，工作场所）。

3. 应鼓励和促进制订并仔细监测提供金融教育的人员的培训方案和（或）旨在培训和教育未来可能传播金融教育的人（例如媒体、公务员、员工等）的方案。这将有助于提高金融教育计划的有效性和覆盖面。

4. 也可以考虑设立金融教育奖项，以及在资源许可的情况下，为课程和提供者颁发许可证和证书。还可以制定激励措施，鼓励资助非营利组织、教育机构以及地方或地区政府直接提供金融教育。

（三）强化阶段（2013 年至今）：立足差异化与回应性的金融素养制度供给

自金融教育国家战略推行以来，世界银行与经合组织于 2014 年和 2015 年相继发布《金融教育项目与战略：路径与可利用资源》《金融教育国家战略政策手册》，从工具层面进一步为金融素养的全球制度实践提供保障。国际组织对金融素养命题的关注逐渐从宏观制度建构转到微观的专业化方案供给。空间维度群体与区域的差异性以及时间维度金融市场发展变迁进程中特殊的问题需求成为近年来金融素养制度实践的转型重心。

从群体特征来看，本阶段的制度实践从单纯的金融知识普及过渡到差异化的素养提升方案供给。2015 年，经合组织在前期关于学生与青年群体的调查评估基础上，发布《青年人金融素养的核心能力框架》，重点针对 15—18 岁青少年群体的金融素养提升提出针对性方案。2016 年，经合组织批准发布《成年人金融素养的核心能力框架》，为 18 岁以上的成年人提供有效的金融素养评估计划与改善方案。2018 年，经合组织将群体化特征的挖掘从自然人拓展到法人，发布《中小微企业金融素养的核心能力框架》。实际上，早在 2015 年经合组织就曾发布《中小企业融资高级原则》（*High-level Principles on SME Financing*），核心能力框架的出台是在原则基础上针对中小微企业融资能力问题的深化。

从问题导向来看，本阶段的制度实践注重对金融市场深化进程中的特殊问题作出及时的政策回应。一方面，相关国际实践聚焦投资者保护与金融素养培育的制度融合。"在提高金融素养的过程中，投资者的金融素养水平是了解当前金融状况的一个重要因素。"① 投资者保护是金融消费者保护命题中较为特殊的环节，与此同时也是金融产品复杂性与金融素养匮乏的主要冲突场域。有鉴于此，国际证监会组织于 2014 年发布《投资者教育与金融素养战略框架》，对未来金融素养制度实践的"投资者"导向进行明确。而后，在经合组织与国家证监会组织的通力合作下，《投资者教育政策框架》（2017）与《将行为洞察力应用于金融素养和投资者教育计划和举措》（2018）陆续出台，为投资者教育的国际规则协同提供政策模板。另一方面，相关国际实践重视数字时代金融素养培育的问题回应。"金融市场去中介化的趋势使得个人面临更大程度的金融责任。"② 2016年，《二十国集团数字金融包容高级原则》（*G20 High-level Principles on Digital Financial Inclusion*）将"强化数字金融素养与意识"作为八项原则之一，其中具体建议包括：③

第一，识别由于金融服务的数字化和捆绑化而出现的金融能力需求。

第二，鼓励发展和评估实用、可及、以数字为重点的金融知识和意识项目。

第三，利用新兴的高质量数字工具来发展金融素养和数字素养项目，在使用数字金融服务时建立知识、理解和信心。

第四，提高小型企业对处理数字付款和转账的优势，以及对现有数字金融服务特点的认识。

第五，针对目前被排斥和服务不足的群体，推广雇主和服务提供者资助的不偏倚的数字金融能力措施，这些群体可能因数字化而首次成为使用数字金融服务的用户。

第六，鼓励消费者在知情的情况下做出选择，支持开发允许消费者比较类似数字金融产品和服务的工具（如比价网站）。

---

① Ali Saeedi, Meysam Hamedi, *Financial Literacy: Empowerment in the Stock Market*, Palgrave Macmillan, 2018, p. 77.

② Annamaria Lusard, Olivia Mitchell, "The Economic Importance of Financial Literacy: Theory and Evidence", *Journal of Economic Literature*, Vol. 52, 2014, p. 5.

③ G20, *High-level Principles for Digital Financial Inclusion*, GPFI, July, 2016.

而后，经合组织相继发布的《确保数字时代的金融教育和消费者保护》《关于数字化和金融素养的政策指引》两份文件作为数字金融包容高级原则的单向拓展，深刻阐释数字革命下消费者金融素养问题的复杂化与应对的紧迫性，强调通过数字化工具的使用改善而非恶化消费者的金融素养境况。

三　金融素养培育国际探索的制度要点

诚然，金融教育国家战略的推广并非一帆风顺。尽管不同阶段金融素养培育的国际探索呈现出不同的制度导向，但金融素养培育的制度化逻辑愈发清晰：在提升制度有效性目标下，寻求宏观的政策话语认可，充分挖掘金融素养培育的社会资源，不断夯实金融素养培育在金融市场风险应对与深化发展中的基础性作用。虽然金融市场的深化发展为金融素养命题的提出提供了诸多现实理据，但金融素养培育的高成本历来是摆在制度化拓展面前的重要难题，制度实践也因此面临发展的不确定性。如果金融素养的制度目标定位为个人金融决策的改善，这一目标相对容易实现，并在结果意义上存在可操作性的评估手段。但是，从制度源流来看，金融素养培育的目标并非仅仅是个人导向，而是金融市场与社会整体福利提升。尽管相关理论研究认为并无确切的数据证明金融能力提升与市场社会福利之间存在必然的联系，现有的政策倾斜并未带来金融水平的整体提升，[1] 但金融素养培育的实践发展愈发为金融素养的命题合理性提供了有力背书。现有国际实践从制度成本与现实收益的矛盾出发，强调通过资源统筹与工具创新，不断提升金融素养制度实践的协同性与实效性。

（一）协同性：公共与私人的制度并重

协同性重在通过金融素养关联社会资源的统筹，实现制度运行成本的社会化分担。从制度变迁而言，仅仅依赖政府的强制性标签容易引发公共资源的过度消耗，并造成"父爱主义"苛责，而市场与社会单一化

---

[1]　Lauren Wills，"Against financial-literacy education"，*Iowa Law Review*，Vol. 94，2008，pp. 197-285.

的诱致性变迁也会出现激励机制不足与合法性缺失等多重发展困境。相关国际探索表明，金融素养培育并非仅仅是金融市场内部的主体能力培育，而应立基于系统性风险风范、着眼金融市场与社会福利整体性关联的制度协同，公共部门与私人机构的合作成为一种必然的制度选择。由此，金融素养培育的制度协同应当重视政府主导与社会共治两个维度的资源统筹。

从政府主导来看，金融素养培育协同机制的构建虽然在效果上实现了成本共担，但是并没有实质性减损政府的主导责任。毋庸置疑，金融教育立法化与国家战略化进程的开展离不开政府部门的有效支持，金融教育高级原则指出应通过强有力的公共机构的赋权，实现金融教育国家政策的上行下效，而以中央银行、财政、教育与金融监管为代表的横向部门之间，国家、地区与地方之间的政策协同也是确保金融教育国家战略有效实施的公权保障。具体而言，政府在金融素养培育中的主导作用表现在制定与实施金融教育国家战略。经合组织将"国家金融教育战略"的定义明确为，"国家协调的金融教育方法，包括经调整的框架或方案"，其内容包含确保金融教育重要性的立法体系、利益相关者的合作协调机制、路线图以及个别计划应用指引等。金融市场风险的系统性将原本碎片化的金融教育实践提升至国家战略角度，而国家战略需要强有力的领导机制。从现有发展状态观测，各国金融教育国家战略的运行表现出"国家政策+领导机构"的宏观制度特征。一方面，主要国家金融教育国家战略的推行均明确了具体的实施计划，官方的、具备约束力的制度文本出台为金融教育的开展提供明确的权力注脚；另一方面，各国在现有的政府机构体系内均明确了金融教育国家战略的领导与协调机构（见表2-2）。部分国家通过独立委员会的设置，提升金融教育的决策地位，明确国家战略的独立主导格局，例如美国、巴西、韩国、新加坡等国通过成立金融教育国家委员会，由金融监管机构、政府职能部门与民间社会团体联合组成，负责金融教育国家战略的制定、实施与监督。部分国家将金融教育内化于金融市场监管政策之中，由国家金融监管部门统筹负责，例如澳大利亚、日本等国将金融教育提升为金融监管机构的法定职责。部分国家从金融教育发展的政策关联导向出发，由财政部门负责国家战略的资源统筹，例如荷兰、俄罗斯等国均由财政部门统筹金融教育政策实施。

表 2-2		主要国家金融教育国家战略主导机构一览
类型	国家	机构
专业委员会	巴西	全国金融教育委员会
	加拿大	金融素养领袖委员会
	新加坡	金融教育督导委员会
	美国	金融素养与教育委员会
相关职能部门	墨西哥	财政与公共信用部
	荷兰	财政部
	俄罗斯	财政部
金融监管机构	澳大利亚	证券投资委员会
	印度	金融稳定与发展委员会
	日本	金融服务管理局、日本银行
	韩国	金融服务委员会
	西班牙	西班牙银行、全国资本市场委员会、经济竞争力部
	南非	财政部、金融服务委员会
	土耳其	资本市场委员会
	英国	财务咨询服务处

从社会共治来看，金融素养培育利益主体的广泛涉及也为战略的运行提供了诸多制度节点。无论是交易体系内部的私营金融部门，还是社会体系内的非政府组织、工会、消费者协会、雇主、媒体等，都应被统筹在金融素养培育制度拓展的运行之中。需要注意的是，社会共治强调的是有效性前提下的社会治理资源统筹，并非主体或工具维度的简单堆叠。公共部门与私人机构的协同，非同一事物的重复化操作，正如《国家金融教育战略高级原则》所指出，"公共部门的行动不应取代或复制非公共利益相关者现有的有效行动，而应努力协调、促进、加强和确保所有利益相关者行动的质量"。此外，"私营部门制订金融教育方案不应涉及促进和推销特定的金融产品或服务"，即将金融素养培育从传统商品交易体系中剥离，强调更具社会意义、更趋普遍价值的社会参与。

（二）实效性：普遍与特殊的制度并行

实效性是以金融素养为代表的"主体能力制度化"命题能否可持续研判的关键因素，现有国际探索下多元制度工具与政策建议出台也是基于金融素养培育制度实效性的提升。作为对金融素养培育有效性理论争议的回应，现有制度实践确立了普遍维护与特殊保护两种制度发展进路。

从普遍维护来看，金融素养培育应当立足金融市场与社会发展维度下社会主体金融知识的普遍性供给。在制度运行成本与现实收益的权衡之下，经合组织《推进国家金融教育战略》汇总出现有实践中五种具有普遍实效性路径：① 其一，金融教育的强制提供义务，即通过立法强制金融机构提供必要的金融教育资源。② 其二，通过法定征税为金融教育国家战略开展提供资金支撑；其三，开展相关金融教育活动的质量认证活动；其四，与社会组织合作开发金融教育实施平台；其五，接受社会组织与金融机构的专项捐助等。概括而言，基于普遍维护的金融素养制度探索一方面注重通过政策的法制拔高，提升制度运行的规范性与权威性，另一方面，也应重视对私营部门的激励性政策赋予。由此，法律责任与社会责任的双重赋予为普遍意义上的金融素养维护提供了有力的外部制度环境。

从特殊保护来看，金融教育客体的异质性客观上为金融教育国家战略的开展带来了诸多制度性困境。"部分金融素养培育项目的失败是因为割裂了消费者金融行为与其所依赖的社会经济、政治和文化等背景关系"③，参差不齐的金融素养群体水平与差异化的国家金融教育问题实际使得各国金融教育战略的推行应当在普遍发展的同时，重视个性问题与个别群体的专项指引。为此，金融教育战略的设计中应明确政策优先事项，有序推进战略的实施。在有效评估自身实际问题基础之上，金融教育战略应当重点对老年人、年轻人、移民、低收入群体、妇女、工人、失业者等不同目标受众群体提供差异化金融教育制度解决方案。总体上看，金融素养培育的特殊保护表现出信息交互与政策嵌入两条主线：其一，金融项目的针对性开展建立在有效的信息互动基础之上。金融教育国家战略因各国金融市场发展水平而表现出不同的问题，也会因目标受众金融素养需求的不同体现出差异化的政策导向。因此，有效的金融评估是开展金融教育国家战略的

---

① OECD, *Advancing National Strategies for Financial Education*, OECD, http：//www.oecd.org/finance/financial-education/G20_OECD_NSFinancialEducation.pdf.

② 例如在南非，最近批准的"金融行业法"规定，金融机构应将其税后利润的一部分用于消费者教育活动（2012 年为 0.25%，2013 年为 0.3%，从 2014 年起为 0.4%）。

③ Asta Zokaityte, *Financial Literacy Education Edu-regulating Our Saving and Spending Habits*, Palgrave Macmillan, 2017, p.15.

必要保障，国家金融素养的常态化衡量也应成为各国金融教育政策有效性的强力保障。国际层面金融素养衡量工具与 PISA 评估的应用为各国金融素养提升活动的开展提供了可借鉴的数据基础。除此之外，政策制定期间的磋商与咨询机制，即立足现有信息媒介，在金融教育政策的供需双方之间形成信息的有效互动也是提升金融教育战略科学性的重要手段。其二，在金融素养培育的特殊保护项下，金融素养与统计数据、金融普惠与金融监管等常态化职能的融合成为提升制度实效性的重要路径。"在普惠金融发展的深层阶段，居民金融素养缺乏制约普惠金融政策的推行"①，相关国际实践倡导在金融素养培育的"一个中心"下形成了交易体系、金融体系与社会体系等多元进路。

本章小结

　　消费者金融素养的普遍缺失使学界开始思考金融素养培育的制度必要性。从源流来看，金融素养培育得益于后危机时代全球金融消费者保护浪潮之盛行，并在制度演化中愈发彰显独立性价值。伴随制度实践的深入，金融素养被视为金融市场深化发展的基础设施，并逐渐纳入主流国家金融监管体系性目标。政府间国际组织、专业性国际机构以及私营部门的广泛参与，为金融素养培育的制度实践提供了丰富的政策建议与资源保障。从初期零散的智识性倡导，到中期协同的战略性推进，再到近期系统的针对性提升，金融素养培育已经成为金融全球化视域下不可忽视的制度环节。立足协同性与实效性的制度节点，厘清主体权责、强化公私协同、明确优先事项，有效缓和因成本与收益不可控引发的有效性质疑，是金融素养培育国际探索的有益经验。面对金融监管国际合作的发展趋势，我国政府应从消费者金融素养水平实际出发，逐步重视金融素养培育的政策优先级。

　　据经合组织统计，21 世纪以来，已有 45 个国家正在实施或设计金融教育国家战略以解决人口的金融知识需求，这一数字伴随金融危机的发酵

---

　　①　刘国强：《我国消费者金融素养现状研究——基于 2017 年消费者金融素养问卷调查》，《金融研究》2018 年第 3 期。

而不断扩展，并且发展中国家正在成为国家战略的生力军。我国政府历来重视金融消费者的教育与引导，提高国民金融素养是我国金融业安全健康发展的可靠保证。[①] 我国已在 2013 年由央行会同银监会、证监会与保监会研究制定《中国金融教育国家战略》，并于同年提交 G20 峰会。从初期的"金融知识普及"到系统的"金融教育国家战略"，我国业已融入金融素养培育的全球大势中。国际组织主导下全球金融素养制度实践的标准化运行为我国制度开展提供了良好模板。着眼协同性与实效性，我们认为我国金融素养培育应在以下方向着力深化：第一，以社会共治为突破口，提升我国金融素养培育中的治理现代化程度。社会共治是我国治理现代化进程中具有中国特色、符合中国实际的现代化治理工具，金融素养培育问题的社会共治可以有效缓和制度运行成本与现实收益之间的矛盾。金融素养培育的社会共治应当在"政府—市场—社会"的范畴之下，在法权体系、交易体系与社会体系三种关联维度之下，最大限度地寻求社会治理资源的统筹。第二，以金融消费者保护问题为导向，确定金融素养制度实践的优先领域。依照国际经验，我国金融素养制度实践应当优先在普惠金融领域进行拓展，着力应对金融素养缺失引发的市场发展排斥。此外，随着我国金融市场化进程的推进，创新驱动下的金融市场在迎来数字金融、科技金融等崭新版块的同时也为投资者保护带来新的问题。金融素养的制度实践既要重视新金融领域消费主体问题的应对，又要探索以大数据、人工智能为代表的新型工具对金融素养实践开展的支撑作用。第三，以金融法治化为依托，建构金融监管体系的素养嵌入通道。不可否认的是金融素养培育代表着一种后危机时代金融监管转型的方向，金融监管机构主导国家金融素养培育战略成为常态化趋势，权力部门的介入为金融素养培育提供了更多的制度可能性。并且，伴随与金融素养相关的金融教育、金融消费纠纷处理、信息披露等规则的完善，金融素养培育的法制化线条愈发清晰。对于我国而言，金融素养培育一直内嵌于金融消费者保护的内核之中。2016年央行发布的《金融消费者权益保护实施办法》明确将"金融知识普及和金融消费者教育机制"作为我国金融消费者保护的重要内控制度，更为值得一提的是央行已于 2013 年依照国际社会的评估传统，开始隔年发布《消费者金融素养调查分析报告》。在前期拓展的基础上，2020 年 9 月颁

---

① 周小川：《普及金融教育 提高国民金融素养》，《中国金融》2007 年第 3 期。

布实施的新版《金融消费者权益保护实施办法》更是明确银行业金融机构"提升金融消费者金融素养"的义务，并将金融素养调查制度固定于部门规章之中。将金融素养培育纳入金融消费者保护的常态化机制之中，是未来我国金融市场化与法治化的题中之义。

第三章

金融素养法律实现的现实瓶颈

金融素养的法律实现因受众群体性别、年龄、区域、智识等基础性因素差异而面临诸多制度运行障碍。校园金融是近年来金融素养培育实践制度瓶颈表现较为集中的领域，本章以校园金融市场的金融素养培育为例，探讨当前我国金融法治框架内推行金融素养培育的制度困境。基于对大学生群体的法律父爱主义关切而对校园金融市场采取的严格监管理路并未能真正实现校园金融市场的有效治理。从法律赋能的角度观之，当前对大学生群体的金融参与权的限制、公平交易权的轻视以及受教育权的缺位难以实现普惠金融的最终目标。为了回应校园金融市场秩序与创新、深化与发展以及包容与审慎等多元价值之争的问题，通过设定包容审慎的监管理念，以金融素养培育实现校园金融市场主体塑造以及多元主体的协同共治等路径为校园金融市场探索一个新的发展方向。

在校园金融市场主体行为能力欠缺的逻辑预设下，校园金融市场一直受到相对严格的管控而独立于金融市场。但校园金融市场以强劲的消费需求发展为不容忽视的消费力量，[①] 随着校园金融市场主体的参与意识逐渐觉醒，市场创新也相继涌入校园金融市场。然而，在长期的金融排斥下，校园金融市场主体行为能力未能有效提高，新金融产品的大量涌入使得校园金融市场矛盾集中爆发。随着校园金融乱象愈演愈烈，引发了校园金融

---

① 数据显示，2013—2018 年，大学生互联网消费金融交易规模由 12 亿元上涨到 801 亿元。详见中国人民银行武汉分行《多管齐下撑起金融消费者权益保护伞》，2018 年 12 月，中国人民银行武汉分行官方网站，http://wuhan.pbc.gov.cn/wuhan/123470/3681947/index.html。

市场的集中整治（见表 3-1）。具体而言，虽然总体上延续了"一刀切"的规制思路，但是在市场创新不断涌现的背景下，校园金融市场监管政策经过了三重反复：一是信用卡的蓬勃发展与退出阶段，在监管部门的沉默中，大学生信用卡市场自 2004—2009 年持续扩张，为改善信用卡泛滥问题，防范大学生群体潜在的信用风险，2009 年银监会下发《关于进一步规范信用卡业务的通知》对信用卡业务进行了严格管控，主流发卡银行退出了校园金融市场。二是互联网金融的短暂发展与清退阶段，直至 2014年，互联网创新外衣加持下的消费金融打开了校园金融市场。[①] 短暂的监管真空便引发了恶性事件的爆发。[②] 自 2016 年开始对校园金融市场进行严格整治。校园金融狂热的发展势头得到遏制，截至 2017 年 2 月底，共有47 家平台选择退出校园金融市场，部分平台被迫转型放弃校园贷业务。[③] 具有普惠性质的经营主体被清退，加之传统商业银行的排斥，校园金融需求与政策抑制之间的矛盾愈发突出。三是互联网金融的转型与"借壳"存续阶段，为满足大学生群体的消费需求，2017 年 5 月 27 日银监会、教育部、人社部联合印发《关于进一步加强校园贷规范管理工作的通知》，提出引入"正规军"商业银行和政策性银行向大学生提供规范化金融服务。[④] 但事实上，网贷平台并未彻底退出，面对日益增长的对金融产品的需求，商业银行选择与网贷平台合作，助力其转型为金融科技公司继续在校园金融市场上存续。[⑤] 从 2021 年银保监会等五部门发布的《关于

[①] 分期乐开创了互联网小微消费金融模式，在其示范效应下 2014 年大学生消费分期平台呈井喷式爆发。趣分期、喵贷、爱学贷、优分期等上百家创业公司挤进校园金融的赛道。京东和阿里也相继推出"京东白条""天猫分期""蚂蚁花呗"等服务进入消费金融领域。参见中国人民银行中关村国家自主创新示范区中心支行课题组、李玉秀《互联网消费金融对传统消费金融：冲击与竞合》，《南方金融》2016 年第 12 期。

[②] 虚假宣传、贷款陷阱、暴力催收、冒名注册、裸条等现象层出不穷，甚至出现多起校园贷极端事件。据记者统计，仅半年来，被媒体曝光的"校园贷"案件就多达 13 起，涉及大学生人数 500 余人，涉案金额超千余万元。参见李一陵《一些"校园贷"把大学生引入火炕》，《中国青年报》2016 年 10 月 20 日第 2 版。

[③] 钱箐旎：《47 家互联网平台退出 校园贷市场"退烧"》，《经济日报》2017 年 3 月23 日。

[④] 欧阳：《校园贷：开"正门"斩"黑手"》，《人民日报》2017 年 5 月 8 日第 17 版。

[⑤] 于德良：《为校园金融"开正门"各大银行积极备战开学季》，《证券日报》2018 年 3 月3 日。

进一步规范大学生互联网消费贷款监督管理工作的通知》来看，大学生群体依旧被排斥在互联网消费贷款的目标群体之外，而且进一步强调传统银行业金融机构向大学生群体提供消费信贷产品要严格资质审查。

　　通过对参与主体的排斥而实现的校园金融市场整顿限制了大学生群体的参与，以大学生金融素养培育为基础的金融消费者主体塑造才是实现普惠金融导向下校园金融市场治理的正确选择。近年来，"普惠金融"成为学界热议的话题，"十四五"规划中明确提出"金融普惠性"概念。从金融普惠性的视角来看，互联网金融对传统商业银行排斥的领域进行了补充，从金融市场供需角度来看，"校园贷"可视为一种金融创新。凭借金融创新的契机，无数互联网企业涌入校园金融的市场，惠及被传统金融排斥在外的群体，其正好与金融普惠性所蕴含的包容性理念相契合。然而在对校园金融市场的严格监管下，网贷平台在校园金融新一轮集中整治中面临退出或转型，金融资源稀缺性问题未能有效化解，仍未能逃脱金融抑制的窠臼。在国外金融消费者保护的议题当中，将金融素养作为金融消费者能力提升的题中之义，制定"国家金融教育战略"成为全国统筹的金融教育方法。[①] 对比于传统金融消费者保护的赋权思路，着眼于金融素养培育的赋能进路才能在保障消费者参与权前提下实现议价能力的提升。当下校园金融市场治理路径是否契合金融普惠性的发展目标、何以实现大学生群体主体能力提升与校园金融市场深化发展之间的有效结合，本章将尝试做出解答。

表 3-1　　　　　　　　　　　校园金融市场监管制度变迁

年份	机构	名称	内容
2009	原银监会	关于进一步规范信用卡业务的通知	六、银行业金融机构应遵循审慎原则向学生发放信用卡。不得向未满 18 周岁的学生发放信用卡（附属卡除外）。向经查已满 18 周岁无固定工作、无稳定收入来源的学生发放信用卡时，须落实第二还款来源，第二还款来源方应具备相应的偿还能力。银行业金融机构发放信用卡前必须确认第二还款来源方已书面同意承担相应还款责任，否则不得发卡

---

　　① OECD&G20, *Advancing National Strategies for Financial Education*. Sept. 5, 2013, OECD, http：//www. oecd. org/finance/financial-education/G20_OECD_NSFinancialEducation. pdf.

年份	机构	名称	内容
2016	教育部、原银监会	关于加强校园不良网络借贷风险防范和教育引导工作的通知	一、加大不良网络借贷监管力度。建立校园不良网络借贷日常监测机制。……建立校园不良网络借贷实时预警机制。及时发现校园不良网络借贷苗头性、倾向性、普遍性问题，及时分析评估校园不良网络借贷潜在的风险，及时以电话、短信、网络、橱窗、校园广播等多种形式向学生发布预警提示信息。 三、加大金融、网络安全知识普及力度。大力普及金融、网络安全知识。……切实增强学生金融、网络安全防范意识。利用校园网站、微信平台、校园广播等多种渠道向学生推送校园不良网络借贷典型案例
2016	原银监会、工业和信息化部、公安部、网信办	网络借贷信息中介机构业务活动管理暂行办法	第十二条　借款人应当履行下列义务： （五）确保自身具有与借款金额相匹配的还款能力并按照合同约定还款
2016	教育部	关于开展校园网贷风险防范集中专项教育工作的通知	一、做好校园网贷教育引导工作。……培养勤俭意识，及时发现并纠正学生超前消费、过度消费和从众消费等错误观念，引导学生合理消费、理性消费、科学消费。加强与家长的沟通与联系，帮助学生制订消费计划…… 二、做好校园网贷风险防范工作。增强防范意识，将防范校园不良网贷作为学生日常教育的重要内容，利用校园网站、校园广播、"两微一端"等多种形式多种渠道全方位向学生发布预警提示信息，加强警示教育
2016	原银监会、网信办、教育部	关于进一步加强校园网贷整治工作的通知	一、加大校园网贷业务整治力度 一是不得向未满十八周岁的在校大学生提供网贷服务，在审核年满18周岁在校大学生借款人资格时，必须落实借款人第二还款来源，获得第二还款来源方（父母、监护人或其他管理人等）表示同意其借款行为并愿意代为还款的书面担保材料，并通过电话等方式确认第二还款来源方身份的真实性
2017	原银监会、教育部、人社部	关于进一步加强校园贷规范管理工作的通知	一、疏堵结合，维护校园贷正常秩序 为满足大学生在消费、创业、培训等方面合理的信贷资金和金融服务需求，净化校园金融市场环境，使校园贷回归良性发展，商业银行和政策性银行应在风险可控的前提下，有针对性地开发高校助学、培训、消费、创业等金融产品，向大学生提供定制化、规范化的金融服务……开展校园贷的银行应制定完善的校园信贷风险管理制度，建立风险预警机制，加强贷前调查评估，认真审核评定贷款大学生资质，重视贷后管理监督，确保资金流向符合合同规定。 二、整治乱象，暂停网贷机构开展校园网贷业务 各地金融办（局）和银监局要在前期对网贷机构开展校园网贷业务整治的基础上，协同相关部门进一步加大整治力度，杜绝网贷机构发生高利放贷、暴力催收等严重危害大学生安全的行为。现阶段，一律暂停网贷机构开展在校大学生网贷业务，逐步消化存量业务

年份	机构	名称	内容
2017	网专办、借专办	关于规范整顿"现金贷"业务的通知	二、统筹监管，开展对网络小额贷款清理整顿工作 （二）严格规范网络小额贷款业务管理。暂停发放无特定场景依托、无指定用途的网络小额贷款，逐步压缩存量业务，限期完成整改。应采取有效措施防范借款人"以贷养贷"、"多头借贷"等行为。禁止发放"校园贷"和"首付贷"。禁止发放贷款用于股票、期货等投机经营。地方金融监管部门应建立持续有效的监管安排，中央金融监管部门将加强督导。 三、加大力度，进一步规范银行业金融机构参与"现金贷"业务 （四）银行业金融机构及其发行，管理的资产管理产品不得直接投资或变相投资以"现金贷"、"校园贷"、"首付贷"等为基础资产发售的（类）证券化产品或其他产品。 四、持续推进，完善P2P网络借贷信息中介机构业务管理 （四）不得为在校学生、无还款来源或不具备还款能力的借款人提供借贷撮合业务
2021	银保监会、网信办、教育部、公安部、央行	关于进一步规范大学生互联网消费贷款监督管理工作的通知	一、加强大学生互联网消费贷款业务监督管理 （一）规范大学生互联网消费贷款放贷行为 　小额贷款公司要加强贷款客户身份的实质性核验，不得将大学生设定为互联网消费贷款的目标客户群体，不得针对大学生群体精准营销，不得向大学生发放互联网消费贷款。放贷机构外包合作机构要加强获客筛选，不得采用虚假、引人误解或者诱导性宣传等不正当方式诱导大学生超前消费、过度借贷，不得针对大学生群体精准营销，不得向放贷机构推送引流大学生。 　银行业金融机构要严守风险底线，审慎开展大学生互联网消费贷款业务，建立完善相适应的风险管理制度和预警机制，加强贷前调查评估，重视贷后管理监督，确保风险可控。 　未经银行业监督管理部门或地方金融监督管理部门批准设立的机构不得为大学生提供信贷服务。 （二）严格大学生互联网消费贷款风险管理 　为满足大学生合理的消费信贷需求，各银行业金融机构在风险可控的前提下，可开发针对性、差异化的互联网消费信贷产品，遵循小额、短期、风险可控的原则，严格限制同一借款人贷款余额和大学生互联网消费贷款总业务规模，加强产品营销管理，严格大学生资质审核，提高资产质量。 　要严格贷前资质审核，实质性审核识别大学生身份和真实贷款用途，综合评估大学生征信、收入、税务等信息，全面了解信用状况，严格落实大学生第二还款来源，通过电话等合理方式确认第二还款来源身份的真实性，获取具备还款能力的第二还款来源（父母、监护人或其他管理人等）表示同意其贷款行为并愿意代为还款的书面担保材料，严格把控大学生信贷资质

一　普惠金融背景下校园金融市场治理的路径偏离

法律赋能是实现普惠金融最终目标的重要手段，其表现为对弱势主体的权利确认与实现。"普惠金融的最终目标是社会所有层面的人口都能获得适合的金融产品或服务"[1]，近年来逐渐成为国际社会认可的金融发展理念。"普惠金融蕴含了公平、包容、效率等伦理维度"[2]，契合了法律赋能视角下的金融消费者保护理路，而金融消费者保护被视为发展普惠金融的核心支柱。[3] "法律赋能的思路强调从法律层面确认弱势群体的权利，尊重和认可弱势主体实现自身权利的能力并致力于促进和提升这种能力。"[4] 从金融消费者基本权利的实现角度而言，法律赋能为金融消费者提供了一个新的保护路径，即通过金融参与权的保障从制度层面进行身份确认，落实公平交易权和受教育权以构建有效的权利实现机制。我国监管机构对于大学生群体进行父爱主义关怀的深层逻辑是"对大学生群体行为能力的否定，进而导致对其权利能力的根本否定"[5]。主体关注有余，而能力提升不足，校园金融市场的这一治理思路偏离了普惠金融的发展方向。

（一）金融消费者身份的片面认可：校园金融排斥

普惠金融关注受传统金融排斥的阶层和群体，保障其金融参与权是使

---

[1]　胡文涛：《普惠金融发展研究：以金融消费者保护为视角》，《经济社会体制比较》2015年第1期。

[2]　朱民武、曾力、何淑兰：《普惠金融发展的路径思考——基于金融伦理与互联网金融视角》，《现代经济探讨》2015年第1期。

[3]　OECD & G20, *Advancing National Strategies for Financial Education.* Sept. 5，2013，OECD，http://www.oecd.org/finance/financial-education/G20_OECD_NSFinancialEducation.pdf.

[4]　冯果、袁康：《从法律赋能到金融公平——收入分配调整与市场深化下金融法的新进路》，《法学评论》2012年第4期。

[5]　朱琳：《校园金融市场的法律治理——基于主体能力视角》，《经济法论坛》2019年第2期。

其成为金融消费者的前提。由于贫困人群缺乏有效抵押物，传统银行在趋利导向下，将其排斥在金融体系之外。这种对可行能力以及融资机会的剥夺在金融领域表现为金融排斥。而"普惠金融是致力于为社会所有阶层和群体提供金融服务的一种金融体系"①，在普惠金融发展模式下，各类主体无差别地、公平地参与金融活动，平等地分享金融资源。普惠金融的发展理念与金融法的底线公平理念高度一致，它意味着不得进行金融排斥，"将融资权视为一项基本人权，确保社会成员公平地获得金融服务"②。金融参与权是享受金融服务的基础，是进入金融市场的门槛。让每个人都能享受金融服务的想法并非始于今日，普惠金融是满足其发展要求的时代命题。

为了实现大学生群体的倾向性保护而采取的校园金融市场"一刀切"，并未能实现有效的风险规制，实际上还造成了大学生主体的市场排斥。基于对大学生行为能力担忧的逻辑预设而采取的规制措施，是严格限制校园金融市场交易的相对方。在现有监管体制下，市场上并不存在适合于大学生群体的商业性金融服务或产品。对这一层面而言，确实短暂地实现了校园金融秩序的稳定。但是传统商业银行的弊端仍然存在，大学生的消费需求没有真正解决，在利益的驱使下仍然会有铤而走险的借贷平台，改头换面进入校园。因此，并未能真正化解校园金融市场的风险，反而在抑制校园金融市场的同时抑制了大学生作为金融市场主体的发展潜力。选择架构理论（Choice Architecture）认为："决策应基于当事人的自身意志，而非是他人强加的结果（自由意志家长作风）。"③商业银行与网贷平台的合作凸显出大学生网络信贷消费市场诞生的必然性，以及校园金融市场转型的迫切性。互联网金融放大了普惠金融的理念，在互联网金融领域"安全"仍是一个永恒的话题，但是"安全绝非抹杀互联网自由、开放、协作、平民化'天

---

① 窦鹏娟：《消费金融公平发展的法律突破路径——基于普惠金融视角的思考》，《现代经济探讨》2014年第4期。

② 冯果、李安安：《民生金融法的语境、范畴与制度》，《政治与法律》2012年第8期。

③ Anne-Francoise Lefevre, Michael Chapman, *Behavioural economics and financial consumer protection*, OECD Working Papers on Finance, Insurance and Private Pensions No. 42, 2017, OECD Publishing, https：//dx. doi. org/10. 1787/0c8685b2-en.

性'的理由"①。

（二）校园金融市场的发展遏制：引导方向错位

互联网金融的出现增强了金融服务的普惠性，从这一层面而言，校园金融应被视为需求导向下的金融创新。金融创新是金融发展的动力，当前对于校园金融市场采取的严格监管模式遏制了校园金融市场创新的发展。《网络借贷信息中介机构业务活动管理暂行办法》中明确暂停校园"网贷"新业务，同时提出对现存业务进行整改，对网络借贷信息中介机构进行评估分类，并将结果在官网公示。在此后的《关于进一步加强校园贷规范管理工作的通知》中明确提出暂停网贷机构的校园网贷业务，仍进一步开展典型案例通报警示教育活动。直至 2021 年 2 月份银保监会等五部门联合发布的《关于进一步规范大学生互联网消费贷款监督管理工作的通知》仍然延续了上述思路，提出在校园内开展的营销活动需向相关部门报备并取得同意。在政府主导的校园金融市场中，通过暂停业务、经营主体清退等规制手段实现的校园金融市场治理遏制了校园金融市场的自发革新。

偏重于警示教育的引导方式并不能让大学生群体对于金融市场形成正确的认识，也并未实现公平竞争环境下大学生议价能力的提升。当前对于校园金融的引导方向是将校园金融妖魔化，以达到风险预警的效果。在《关于进一步加强校园网贷整治工作的通知》中提出利用校园设施、移动互联网等多渠道全方位向学生发布预警信息以及校园不良网贷典型案例。《关于加强校园不良网络借贷风险防范和教育引导工作的通知》中提出"建立校园不良网络借贷实时预警机制"，并通过学生可接触到的线上和线下等多种形式向学生发布预警提示。在"校园贷"治理过程当中，利用大学生便于管理的群体性特征，各部门分工负责，形成监管合力对校园金融市场进行严格的管控。由金融监管部门负责校园金融市场参与主体的资质审核，通过负面清单、备案公示等制度进行风险预警；由教育主管部门负责教育宣传工作，加强对大学生的引导。当下的引导方向并非致力于公平交易环境的构建，而是在于强调校园金融的危险性而引导大学生谨慎

---

① 黎四奇：《中国普惠金融的囚徒困境及法律制度创新的路径解析》，《现代法学》2016 年第 5 期。

参与。此种监管理路是基于大学生行为能力欠缺的假设，即便行为能力欠缺，校园金融健康发展的引导方向也应该是从外部进行公平竞争环境构建，从内部提升大学生群体的金融素养。从实践层面来看，现有的监管制度通过对校园金融市场参与主体进行严格限制而排斥大学生群体的广泛参与，大学生缺少参与金融实践的机会，缺乏实践的引导将导致大学生与金融市场衔接愈发困难。

（三）市场主体受教育权保障缺失：金融素养培育不足

与我国的抑制理念不同，国外早已广泛开展以提高消费者金融素养为目标的金融教育活动。面对金融机构与金融消费者之间日益严重的信息不对称，金融素养的提升能够给金融消费者技能与信心，进而更好地获得金融产品或服务。在国外，金融教育活动早已得到政府和社会组织的广泛关注，以金融素养教育活动开展较早的美国和英国为例。美国自 21 世纪开始，针对提高金融素养的项目和立法兴起。2001 年的《卓越教育法案》（*Excellence in Education Act*）赋予教育部向专注于教育学生经济学和个人理财的非营利组织提供资金的能力。2003 年的《公平和准确信用交易法案》（FACTA）成立了金融知识和教育委员会（FLEC），[①] 同时美国联邦储备理事会启动全国性的金融教育活动，还印发手册，为消费者提供理财建议。纽约储备银行与当地组织合作推出"青年银行"项目。该项目既有课堂教学，也有实际操作。各地银行也相继开展教育路演、义务金融教育活动。[②] 在 2008 年金融危机之后，更是掀起新一轮金融消费者保护的改革。此后，2010 年颁布的《金融改革法案》提出在消费者金融保护局（CFPB）内设置金融教育办公室。与国内校园金融抑制相反，美国高等教育，尤其是营利性教育，成为消费者债务的刺激因子，2019 年各部门的学生贷款总额接近 1.5 万亿美元。[③] 早期，英国的金融消费者教育是在小

[①] Cavanaugh, Afton, "Rich Dad vs. Poor Dad: Why Leaving Financial Education to Parents Breeds Financial Inequality & Economic Instability", Children's *Legal Rights Journal*, Vol. 34, No. 1, 2013, pp. 59-85.

[②] Fox, Lynn, Hoffmann, Joy, Welch, Carolyn, "Federal Reserve Personal Financial Education Initiatives", *Federal Reserve Bulletin*, Vol. 90, No. 4, 2004, pp. 447-457.

[③] Shayak Sarka, "Consumer Expectations and Consumer Protection", *The George Washington Law Review*, Vol. 88, No. 4, 2020, pp. 949-1013.

范围内自发进行的,[①] 直到金融危机之后，成立了消费者金融教育局（CFEB），系统、全面地开展金融教育活动。[②] 2013 年 2 月，英国决定将金融教育列为必修课程，要求所有中学从 2014 年 9 月开始开设个人理财课程。课程内容包括工资、税收、信贷、债务、金融风险以及更为复杂的金融产品和服务。[③] 国际组织也致力于实现金融素养提升的国际合作，OECD 于 2015 年制定的《青年人金融素养核心能力框架》提出建立金融素养国际核心能力框架，在该核心架构的整体框架内，强调横向提高青年人的意识、知识和理解，信心、动力和态度，技能和行为，以纵向提高其在金钱交易、财务规划和管理、风险和汇报以及金融环境等方面的能力。[④]

在国际金融教育浪潮推动之下，我国也已开始金融素养培育实践，然而强监管下对于金融机构责任的单方面附加并未达到理想中的效果。与国外自上而下地倡导实践或自下而上地推动趋势均不相同，我国将金融素养培育责任单方赋予了金融机构。从规范层面来看，2013 年在银监会发布的《银行业消费者权益保护工作指引》中便提出金融机构应开展金融教育活动的倡导。2015 年，国务院办公厅发布《关于加强金融消费者权益保护工作的指导意见》提出保障金融消费者受教育权，金融机构应进一步强化金融教育。此后，在《网络借贷信息中介机构业务活动管理暂行办法》中，将开展风险教育活动列为网络借贷信息中介机构的义务。2016 年中国人民银行发布的《金融消费者权益保护实施办法》要求金融机构开展日常性金融知识普及与教育活动，该办法在 2020 年重新修订，明确将"提升金融消费者金融素养"上升至金融机构的主体责任。着眼于实践层面，在强监管导向下，对市场服务主体进行了严格的管控，限制其进行经营活动的自由，抑制校园金融的发展活力，很难自发形成良性的金融

---

①　刘一展：《构建我国金融消费者保护机制的若干思路——基于英国、澳大利亚、美国的经验》，《消费经济》2011 年第 2 期。

②　中国金融业"公平对待消费者"课题组：《英国金融消费者保护与教育实践及对我国的启示》，《中国金融》2010 年第 12 期。

③　Goyette, Lauren, "Education Connection: Financial Education Leads to Better Financial Decisions", *Children's Legal Rights Journal*, Vol. 34, No. 1, 2013, pp. 125-127.

④　OECD & INFE, *Core Competencies Framework on Financial Literacy for Youth*, Nov. 16, 2015, OECD, https://www.oecd.org/daf/fin/financial - education/Core - Competencies - Framework - Youth. pdf.

素养培育导向。诚然，在多份文件中确有提及"教育""引导"等字眼，但是该"教育""引导"的内涵均是教育大学生建立所谓的正确消费观，引导大学生远离校园贷。当下金融知识普及重点仍在于风险识别，并未能实现真正的金融素养提升，反而将更多在金融市场门口徘徊的群体隔绝在外。

二 金融普惠目标下放开校园金融市场的价值探讨

以校园金融严格限制实现的市场整顿使得校园金融市场发展速度放缓，适度放开校园金融市场大门成为普惠金融发展导向下，实现价值平衡，促进金融深化发展的迫切需求。互联网金融的开放性、共享性与普惠金融的包容性、公平性相契合，二者都要求改善大学生群体的金融排斥现象，构建安全有序的校园金融市场。

（一）普惠性经营主体：秩序与创新

互联网金融创新的出现弥补了传统征信系统的空缺，将被传统金融、征信系统排斥在外的群体重新纳入金融系统内。由于有效抵押物与征信记录的匮乏，大学生群体参与金融市场将带来潜在的信用风险，主流发卡银行为规避校园金融市场的高风险选择退出校园金融市场。大学生群体无法获得信用卡便无法通过信用卡消费获得征信记录，[1] 而没有征信记录则无法通过传统金融市场获得资金，从而陷入逻辑悖论的怪圈，使得传统金融欠缺普惠性。消费分期平台凭借互联网金融创新的契机打开了信用卡业务退出之后校园金融紧闭的大门，"此类金融创新属于规避性创新，是严格监管环境下试图规避监管的一种自由市场反应"[2]。互联网金融创新的出现，关注到了传统商业银行排斥在外的群体，通过使用者的日常支付活动累计信用，提供征信记录。这些记录成为在数字金融平台进行借贷审核的

---

① "大学生信贷数据是目前央行征信系统的空白。"参见姜业庆《大学生信贷数据空白折射市场尴尬》，《中国经济时报》2014年9月25日第3版。

② ［英］菲利普·莫利纽克斯、尼达尔·沙姆洛克：《金融创新》，冯健、杨娟、张玉仁等译，中国人民大学出版社2003年版，第53—56页。

依据，互联网金融自诞生起便具备了普惠性。所以消费分期平台一诞生便爆炸式地增长，迅速获得庞大的客户群。第三方编制指数显示我国的普惠金融实践与创新型数字金融显示出很强的关联性。① 该指数采用蚂蚁金服的交易账户大数据来建立数字普惠金融指标体系。

　　然而，金融创新是一把"双刃剑"，带来创新价值的同时也伴随着新的金融风险。规避性创新使得传统的监管模式应对乏力，在缺乏监管的市场中，"校园贷"问题集中爆发。互联网金融的杠杆效应、复杂性、信息不透明等特征都加剧了金融体系的脆弱性。因此，在权衡之下，监管部门为了维护校园秩序的安全与稳定，适用了传统的"一刀切"的监管模式，清退网贷机构，遏制校园金融市场"脱缰"的发展速度。然而"一刀切"的监管模式并不能实现创新与秩序的有效衡平，从法律赋能的角度来反思校园金融的父爱主义倾向，监管层面对金融消费者的保护应该保持一定的限度，在"家长"和"守夜人"的身份选择上找到一个平衡点。"允许金融创新并不是对金融活动放任不管，而是对金融安全提出了更高的要求，这就要求在金融创新与金融监管之间产生良性互动。"② 实际上此前《征信业管理条例》便赋予了信贷业务机构的信息提供义务。2019 年 5 月，央行确认"花呗""京东白条"已纳入征信系统。③ 这种"良性校园贷"（合法合规的金融产品）与征信系统的联动便是依靠科技手段进行金融监管的有效尝试。金融创新同时也是提高金融监管水平的重要推动力，"金融创新以其创新的技术及理念成为保障金融安全的落脚点"④。

（二）普惠性消费主体：深化与发展

　　校园金融市场的过度干预与普惠金融发展要求相悖，适度放开校园金融市场是金融深化的必然选择。金融与社会是一种双向互动的关系，在社

---

　　① 郭峰、王靖一、王芳、孔涛、张勋、程志云：《测度中国数字普惠金融发展：指数编制与空间特征》，《经济学》（季刊）2020 年第 4 期。

　　② 阳建勋：《论自贸区金融创新与金融监管的互动及其法治保障——以福建自贸区为例》，《经济体制改革》2017 年第 1 期。

　　③ 《中国经济周刊》：《央行确认"花呗""京东白条"均纳入征信系统》，2020 年 8 月，https://baijiahao.baidu.com/s? id=1674728533677046259&wfr=spider&for=pc。

　　④ 何德旭、郑联盛：《从美国次贷危机看金融创新与金融安全》，《国外社会科学》2008 年第 6 期。

会发展到一定阶段后，金融社会化和社会金融化反映了社会的基本趋势和客观规律。而这一过程，较传统金融更具包容性和普惠性。[①] 造成目前大学生群体排斥的主要原因并非自由市场规律，而是监管部门的过度干预。对校园金融市场的整顿反映出我国一贯的金融抑制思路。着眼于他国规制实践，并未因质疑大学生群体的行为能力而将校园金融市场特殊对待。美国曾在 2009 年颁布《责任和披露法》（*Responsibility and Disclosure Act of 2009*），对 21 岁以下的消费者提供信贷进行了一系列前置条件，并增加了对学生提供预先筛选的保护，该法却因限制年轻人的自主权，以年龄为基础对年轻人进行歧视而受到批评。[②] 在金融不断深化的当下，仍采取金融抑制的规制思路难以满足现实需求。在经济转型过程中，"从金融抑制走向金融深化的核心是放松政府管制"[③]。大学生业已形成的消费需求及庞大的消费能力决定了其对多元化的金融产品或服务的需求。因此，金融市场的不断深化对放开校园金融市场提出了要求。回应校园金融现实需求的正确路径应当是，尊重大学生群体的主体能力，肯定其参与金融市场的权利能力，通过金融素养培育提升其行为能力，通过提升其自身对金融产品或服务的鉴别能力实现校园金融市场参与者的优胜劣汰，进而实现校园金融市场秩序的根本维护。

大学生群体是重要的消费力量，同时也是金融市场优秀的储备人才，大学生金融素养的提高为校园金融市场发展注入活力。着眼于大学生群体，该群体是消费信贷的重要用户，群体基数逐年增大，2020 年应届毕业生高达 874 万，[④] 消费规模超千亿级别。[⑤] 大学生群体庞大的基数以及

---

① 冯果、袁康：《社会变迁与金融法的时代品格》，《当代法学》2014 年第 2 期。

② Wood, Kathryn A., "Credit Card Accountability, Responsibility and Disclosure Act of 2009: Protecting Young Consumers or Impinging on their Financial Freedom", *Brooklyn Journal of Corporate, Financial & Commercial Law*, Vol. 5, No. 1, 2010, pp. 159-184.

③ 冯果、袁康：《走向金融深化与金融包容：全面深化改革背景下金融法的使命自觉与制度回应》，《法学评论》2014 年第 2 期。

④ 中华人民共和国教育部：《特殊就业季，这 874 万人的就业解决了吗？——2020 届高校毕业生就业形势观察》，2020 年 9 月，中国教育部官网，http://www.moe.gov.cn/fbh/live/2020/52511/mtbd/202009/t20200929_492339.html。

⑤ 《我国大学生消费市场超 4000 亿元 校园金融"纷扰"中前行》，2018 年 1 月，中国证券网，www.cs.com.cn/xwzx/201801/t20180118_5672886.html。

群体重要性特征使其金融观念和金融行为都将对金融市场产生重要影响。金融社会化的概念源于消费者社会化研究，从这一概念来看，金融社会化的过程是指形成消费者金融素养和金融决策行为的过程。[①] 消费者的金融素养、金融态度受到成长环境中社会因素和个人因素的影响。[②] 大学是人生的关键成长期，在未来的人生当中，或多或少都将接受金融服务，对其正确的引导并不是使其远离金融服务，而是培养其金融基础知识和风险识别能力。大学生群体受到了良好的教育，研究表明"受教育程度越高的投资者对金融知识的掌握和理解能力越强"[③]。在普惠金融导向下，落实大学生金融素养培育，使其对市场规律有正确的认识，并重塑对金融市场的信心。"金融素养培育是使市场参与主体具备参与金融活动的知识和技能，对于参与主体而言，金融素养与资金实力、信息获取等要素同等重要。"[④] 反观之，大学生群体对于新事物有良好的接受能力，同时该群体也富有创新能力。基于对大学生群体的主体尊重逐步进行的市场放开，在为校园金融市场注入消费活力之外，还将为金融体系深化发展注入新鲜血液。

（三）普惠性市场建构：包容与审慎

"一刀切"的监管模式未能实现校园金融市场的正确引导，主体排斥以及市场创新遏制都与普惠金融的发展导向不符。监管实践中没有实现包容审慎理念的有效融合，在不同的发展阶段选择不同的监管理念指引。因此校园金融市场监管出现多重反复，也仍未能有效处理校园金融市场的发展问题。市场创新发展初期，监管层对于金融创新的过分包容助推了问题的集中爆发，危机事件的发生为金融监管敲响了警钟，随即采取过于审慎的监管策略抑制校园金融市场发展，体现出我国监管理念惯有的在包容和审慎两极摇摆。从伦理角度来看，"普惠金融的服务理

① 彭显琪、朱小梅：《消费者金融素养研究进展》，《经济学动态》2018 年第 2 期。

② Dans, S. M., "Parental perceptions of children's financial socialization", *Journal of Financial Counseling and Planning*, Vol. 5, No. 1, 1994, pp. 127–149.

③ 彭倩、李建勇、宋明莎：《金融教育、金融素养与投资组合的分散化行为——基于一项投资者金融教育调查的实证分析》，《财经科学》2019 年第 6 期。

④ 袁康：《主体能力视角下金融公平的法律实现路径》，《现代法学》2018 年第 3 期。

念体现出较强的包容性"①。当下以服务主体的严格限制实现的融资主体市场排斥与普惠金融的包容性相冲突。校园金融市场发展的遏制更与政府工作报告中不断重申的强调建立包容创新的审慎监管制度的导向不符。

"包容审慎原则强调的是二者的同时性与互补性。"② 具体而言，包容审慎原则应同时关注两个层面：包容创新和审慎监管。包容性蕴含着两层基本含义：其一是对融资主体具有包容性。意味着更多的群体能够参与到金融活动中来，共享市场经济的成果。其二是对服务主体具有包容性。"无论是正规的还是非正规的金融机构，只要是能提供有效的金融服务，都应包容在金融体系之内，微型金融也不应该被边缘化。"③ 作为互联网金融的分支，校园金融不过是金融服务与科技手段一种新的结合形式，应包容"互联网+金融"的模式在校园环境内的应用。同时，也关注到"互联网金融并未改变金融的本质，金融风险的隐蔽性、传染性、广泛性等特征仍然存在"④，并且在与科技结合的过程中伴生了技术操作风险、数据安全风险，加剧了信息不对称风险。该种信息不对称不仅存在于服务主体和融资主体之间，在监管者与监管对象之间同样存在。与传统的行政力量主导不同，包容审慎的监管理念强调的是多元主体的共同参与。大数据技术能够有效地弥补传统征信数据采集的不足，逐步引导依托于互联网信用记录的社会征信体系建设。在包容审慎理念指引下，包容鼓励创新业态的发展，采取审慎理性的监管策略，线上线下融合的监管方式，正确引导互联网金融拓宽普惠的深度和广度。

三　校园金融市场治理的路径探索

在明确校园金融的创新性质之后，尊重大学生群体的主体能力，以新的行政监管策略引导校园金融市场发展成为必然之举。具体而言，需要明

---

① 朱民武、曾力、何淑兰：《普惠金融发展的路径思考——基于金融伦理与互联网金融视角》，《现代经济探讨》2015 年第 1 期。

② 刘乃梁：《包容审慎原则的竞争要义——以网约车监管为例》，《法学评论》2019 年第 5 期。

③ 李明贤、叶慧敏：《普惠金融与小额信贷的比较研究》，《农业经济问题》2012 年第 9 期。

④ 廖凡：《论金融科技的包容审慎监管》，《中外法学》2019 年第 3 期。

确三个方面：其一是监管边界的明确，在金融创新的洪流当中如何进行审慎的监管成为重要命题。其二是主体身份的明确，原有的监管模式保护有余而培育不足，新的监管理路应重视大学生群体作为金融消费者的能力培养。其三是监管责任的明确，新时代金融市场并不依赖行政机关的单方监管，而是采用多方共同参与的监管模式。针对校园金融市场治理，应从上述三个方面进行完善。

（一）理念设定：包容审慎

时代的发展潮流终将推动金融排斥走向金融包容，包容审慎的监管理念为校园金融的良性发展提供一种新的监管模式。理念的设定不能脱离校园金融的现实语境，基于这样的限定，包容审慎的监管理念在内涵上表现在以下三个方面：第一，包容审慎意味着差异化的监管。差异化监管是关注到金融环境、参与主体的差异性，明晰传统监管框架的适用困境，进而采取多元思维、多元目标的监管方式。第二，包容审慎监管还包含适度监管的理念。从校园金融的治理实践来看，在安全与创新的价值选择上，监管部门总是艰难取舍。事实证明，"放任金融创新自由发展将爆发危机事件进而导致金融秩序紊乱，严格监管将扼杀市场创新的活力而走向金融抑制的深渊"。[①] 在这种困境当中，适度监管便是校园金融市场理性的治理图景。"以能够量化的标准作为适度监管的手段，以'底线公平'作为适度监管的边界。"[②] 第三，包容审慎监管还具有柔性监管的理念。互联网技术的出现打开一个新的开放、共享、合作的空间，对此，刚性的监管规则将导致利益冲突，柔性监管才是深化"放管服"改革的监管手段。柔性监管引入监管对象的参与协商，用公共治理取代单一治理。

在对金融市场监管的过程当中，包容审慎的监管理念贯彻于监管部门的事前、事中、事后的监管环节中。市场准入是校园金融市场监管的第一个环节，服务主体的筛选对于市场秩序的维护起着重要作用。就校园金融市场现状而言，应降低市场准入标准。当下校园金融市场的准入壁垒实际

---

① 冯果、李安安：《包容性监管理念的提出及其正当性分析——以农村金融监管为中心》，《江淮论坛》2013 年第 1 期。

② 冯果、李安安：《包容性监管理念的提出及其正当性分析——以农村金融监管为中心》，《江淮论坛》2013 年第 1 期。

上造成了对市场参与主体自由权的侵犯。在普惠金融的包容性导向下，应允许更多市场参与者进入校园金融市场。降低市场准入门槛的同时也有利于整顿校园金融市场上现存的"地下"金融机构。此外，在对市场主体经营活动的监管中，充分发挥信用机制的监管作用，具体包括：第一，建立信用承诺制度，由服务主体自发对经营活动的合法性做出承诺，营造良好的市场环境。第二，建立信用分级制度，尊重服务主体的差异性，进而采取不同的监管措施。第三，建立失信惩戒制度，对于市场主体的违法违规行为进行惩罚，通过失信信息公开实现对服务主体的市场监督。第四，完善校园金融服务主体的市场化退出机制。在市场化改革过程中，市场化退出机制是市场实现资源配置的体现，监管层的强制清退导致了金融资源的浪费。校园金融市场自发的优胜劣汰导致的市场退出更有利于良性的市场环境构建。

（二）主体塑造：法律赋能逻辑下的金融素养培育

在市场深化的背景下，法律赋能为大学生群体保护提供了一个新的视角，法律赋能是权利动态实现的过程。"在法律赋权的逻辑下对弱势群体权利保护停留于书面确认，而在法律赋能的逻辑下，强调弱势群体的权利确认与实现。"[1] 首先，在校园金融制度建设上，以"权利本位"取代"权力本位"，以弱势主体的权利实现取代强有力的市场管制，明确"权利"才是制度建设的出发点和落脚点。改变当下校园金融市场中为了市场整顿而对大学生进行权利限制的局面。在进行制度设计时，避免将目光集中于市场管控和权力配置上，而应着眼于大学生群体的权利实现和维护。其次，在权利实现上，以弱势群体自身能力的提升来取代公权力简单粗暴地介入。"父爱主义"导向下的市场整顿限制了大学生群体的参与，同时也杜绝了其主体能力提升的可能。在法律赋能的语境下，强调尊重和认可弱势群体具备权利能力，相信并主张提高弱势群体实现自身权利的能力。无可否认，公权力在对弱势群体的偏重保护上有其存在的必要性，然而更应该做的是致力于弱势群体自身的能力提升，对于其自身权利实现给予充分的信任，以此实现金融市场的自由高效发展。

---

[1]　冯果、袁康：《从法律赋能到金融公平——收入分配调整与市场深化下金融法的新进路》，《法学评论》2012年第4期。

　　大学生群体的主体排斥抑制了校园金融市场的发展，以金融素养提升为主旨的主体能力塑造是校园金融市场持续发展的现实需求。在普惠金融的语境下，大学生群体的金融素养提升仰赖于对以下三个具体权利的保障：第一，保障大学生群体的金融参与权。金融参与权是大学生群体参与金融活动的前置性条件，大学生群体金融参与权的确认与保障是其进入金融市场权利能力的确认与保障。金融参与也是大学生获得金融实践经验的必要途径，从中能够检验和提高大学生的金融素养。然而，当前校园金融市场对于金融参与权的限制表现为禁止提供服务，[①] 这种参与金融活动机会的剥夺就是金融排斥。普惠金融的包容性理念要求满足所有人获得金融服务的愿景，因此，保障大学生群体的金融参与权是校园金融市场主体金融素养培育的题中之义。第二，保障大学生群体的公平交易权。保障公平交易权在提升校园金融市场主体行为能力的同时也有益于增进其参与金融活动的信心。在互联网技术和大数据技术支撑下的互联网金融使得信息不对称加剧，相对于掌握技术的服务主体，大学生群体难免沦为信息弱势。建立强有力的信息披露制度是实现大学生群体公平交易权保障的关键。赋予金融机构信息披露义务及说明义务，致力于实现在平等基础上的大学生群体议价能力的提升。第三，保障大学生群体的受教育权。大学生群体参与金融活动的深度与广度取决于其自身的金融素养水平。在 G20 层面，国家金融教育战略的发展相对普遍。应学习域外国家和组织在金融素养培育方面的先进经验，转变我国传统的监管路径，引导大学生群体正确认识金融市场。通过金融教育活动提升大学生群体的金融素养能够帮助大学生群体理解金融机构披露的信息，评估金融服务或产品的风险与收益，进而做出理智决策。

（三）协同共治：多元主体责任明晰

　　校园金融市场涉及多方参与主体，在大学生金融素养培育层面也仰赖于多元主体的协同参与。随着改革开放与市场经济的不断深化，政府简政放权与职能转变成为新的发展方向，多元共治是我国多年实践的经验总结。"当代多元共治的理念蕴含了法治、自治和协商的理念，是法治和自

　　[①] 2016 年 10 月 18 日，银监会、公安部等六部委联合发布的《关于进一步加强校园网贷整治工作的通知》明确提出"不得向未满十八周岁的在校大学生提供网贷服务"。

治相融合的开放体系。"① 国外成熟的金融市场实践依赖于公共机构、私人机构和非营利性组织的共同参与，在我国话语体系下，多元共治的主体应该包括政府、市场和社会组织。与传统治理决策系统的单一方向不同，多元共治决策系统需要多个主体共同参与、协商对话来实现公共领域的多向交互。

　　具体而言，在校园金融的多元共治体系中，需要明晰多个主体的责任边界，进而实现多元主体的独立与合作。就政府层面而言，政府在校园金融市场治理中发挥着宏观引领的作用，通过制度引导而非具体参与实现其引导职能。首先，制定和落实金融教育国家战略目标。2020 年"两会"已有人大代表就此提出相关建议，② 需要由政府牵头进一步完善和落实。在战略目标中，将金融教育列为大学教育的必修课程而不是通识教育，为大学生提供扎实的金融教育对于提升其金融素养大有裨益。其次，明确在推进金融教育战略中各级政府以及相关职能部门的主体责任。此前，金融教育仅仅是停留于政府文件中的一纸空文，应落实政府责任推动金融教育国家战略在实践中落地，学习英美等国家的金融教育经验，设立专门的政府部门，独立、系统、全面地开展消费者金融教育工作。此外，将金融教育支出纳入财政计划，为金融教育制度落实提供财政支持是金融教育战略目标实现的有力保障。就市场层面而言，其在市场主体培育与秩序构建方面发挥关键作用。市场主体培育主要通过实践中的素养积累，在金融实践中既需要有效的市场准入标准对服务主体进行初步筛选，也需要常态化的监管来形成对市场秩序的全方位维护。市场秩序构建主要通过制度的完善和落实，通过征信体系建设实现市场参与主体的市场化监督，通过信息披露制度完善减少校园金融市场中的信息不对称。就社会组织而言，社会组织在常态化金融素养推进工作中扮演重要角色。我国已经开展由央行推进的金融素养评估工作，③ 但是单一推进主体以及形式化的问卷设计体现出

---

　　① 王名、蔡志鸿、王春婷：《社会共治：多元主体共同治理的实践探索与制度创新》，《中国行政管理》2014 年第 12 期。

　　② 刘琪：《全国人大代表杨小平：尽快推动制定〈中国金融教育国家战略〉》，2020 年 5 月，https：//baijiahao. baidu. com/s？id=1667574782893621884&wfr=spider&for=pc。

　　③ 2016 年 1 月 11 日，中国人民银行办公厅发布《关于建立消费者金融素养问卷调查制度（试行）的通知》，明确从 2017 年开始每两年进行一次消费者金融素养问卷调查。在此之前，中国人民银行金融消费者权益保护局曾于 2013 年、2015 年进行全国试点调查。

现有实践的缺陷。国外金融素养培育的真正落实仰赖于社会组织的积极参与。因此，应调动社会组织在校园金融市场治理中的积极性，助力社会组织开展金融教育活动。此外，通过社会组织的引导，将金融素养培育柔性嵌入金融机构的社会责任之中。

本章小结

"十四五"规划明确提出增强金融普惠性，增强金融普惠性意味着将受传统金融排斥的"边缘人群"纳入金融市场内。互联网金融、农村金融在政策红利下深化发展。然而基于大学生群体行为能力欠缺的逻辑预设而对校园金融市场采取的法律父爱主义关切并不契合普惠金融的发展导向，反而落入传统的金融排斥的窠臼。缺乏正确的路径指引难以实现校园金融市场的有效治理。普惠金融对于校园金融市场治理路径探索提出了新的要求：以包容审慎的监管理念为校园金融市场安全与创新设定合理的边界，通过"赋能"而非"赋权"的理路来实现大学生群体的金融市场主体塑造，借助多元主体的共同参与变革传统的单一监管路径。正视校园金融市场的金融需求，尊重大学生群体的权利能力和行为能力，引导校园金融市场的深化和发展，为"十四五"规划和远景目标的实现迈出勇于探索的一小步。

第四章

金融素养法律实现的理念协调

金融素养培育主要通过政府与法律的"外力"介入，矫正金融市场投资者抑或公民在未来可能产生的投资活动中面对的地位不对等问题。诚然，权力的过多的介入必然引发与传统金融市场"买者自负"原则的冲突。本章从投资者保护命题出发，探讨买者自负原则下，金融素养法律推进如何实现价值自洽。传统的投资者保护范式彰显"法律父爱主义"，采用片面化的权利倾斜性配置对投资者实行过度保护。然而，在"买者自负"视域下，以往"重监管，轻教育"的投资者保护模式已难以适应金融数字化转型的发展需求。过度强调卖方责任而忽视主体能力的提升是导致投资者保护困境生成的重要原因。法律赋能理论与金融公平理念为投资者保护提供了新的视角和思路，即沿着法律赋能的逻辑，通过投资者导向的制度调适以及金融教育的强化等路径，以金融公平为度量，实现"买者自负"适用下投资者保护范式由被动的权力干预到能动的权利自觉的平衡再造。

一 "买者自负"：投资者保护的理想与现实

投资者保护是各国资本市场监管的重要议题。国际证监会组织（International Organization of Securities Commission，IOSCO）将投资者保护置于证券监管三大目标的首位。① 美国证券交易委员会（United States Securities

---

① IOSCO 在《证券监管目标与原则》中将保护投资者，确保市场的公平、高效和 （转下页）

and Exchange Commission，SEC）甚至将"自始至终和大众投资者的长期利益站在一起"作为机构使命。具体至我国，相关金融法律制度围绕投资者保护制定了一系列规则，诸如《公司法》《证券法》《证券投资基金法》《商业银行法》《保险法》等，都开宗明义地表明要保护投资者的合法权益。[①] 回顾我国资本市场30年的发展进程（见表4-1），可以发现这些法律法规在投资者保护工作上取得了长足的进步。概览而言，一是以正面赋权的方式细化了投资者的相关权利，二是以义务强化的方式加重金融机构、证券发行人、上市公司、中介机构等主体的责任。[②] 自1998年《证券法》第19条规定"股票依法发行后，发行人经营与收益的变化，由发行人自行负责；由此变化引致的投资风险，由投资者自行负责"[③]，到2018年《关于规范金融机构资产管理业务的指导意见》（以下简称《资管新规》）要求打破刚性兑付、向投资者传递"卖者尽责，买者自负"的理念，[④] 再到2019年《全国法院民商事审判工作会议纪要》（以下简称《九民纪要》）将金融消费者权益保护纠纷案件的审理裁判思路确定为"卖者尽责，买者自负"，[⑤] 立法、监管、司法三个维度的规则联动揭示出"卖者尽责"与"买者自负"已然成为我国投资者保护的重要线索。

（接上页）透明，以及减少系统性风险确立了证券监管的三项目标。《证券监管目标与原则》是 IOSCO 的纲领性文件，于1998年首次发布，于2017年进行最新一次修订。IOSCO, *Objectives and Principles of Securities Regulation*, Feb. 8, 2008, IOSCO, https：//www. iosco. org/library/pubdocs/pdf/IOSCO PD23. pdf.

①《公司法》《证券法》《证券投资基金法》《商业银行法》分别将保护股东、投资者、投资人、存款人的合法权益规定在第一章总则部分第1条。如《公司法》第1条规定：为了规范公司的组织和行为，保护公司、股东和债权人的合法权益，维护社会经济秩序，促进社会主义市场经济的发展，制定本法。

② 张钦昱：《证券法用系统性思维完善投资者保护制度》，《证券日报》2020年4月30日第2版。

③ 我国现行《证券法》第25条，在内容和表述上沿用了1998年《证券法》第19条和2005年《证券法》第27条规定。

④《资管新规》第6条第2款。

⑤《九民纪要》第五章。

表 4-1　　　　　　　　我国资本市场证券投资者保护发展之路回顾[①]

发展阶段	主要事件
发展初期 （1990—2009 年）	1990 年，沪、深证券交易所成立，我国证券市场开始形成； 1992 年，中国证监会成立并将资本市场纳入统一的监管框架； 2005 年，修订《证券法》，对投资者保护开始有了原则性规定
快速发展的 成长期 （2010—2019 年）	2011 年 12 月，中国证监会投资者保护局成立； 2013 年，中证投资者发展中心有限责任公司成立； 2013 年 9 月，开通"12386"服务热线；12 月，国务院办公厅发布了《关于进一步加强资本市场中小投资者合法权益保护工作的意见》； 2014 年，面向中小投资者开展公益性宣传和教育工作的中证中小投资者服务中心有限责任公司成立； 2015 年，证监会决定设立证券期货投资者教育基地； 2016 年 5 月，证监会完成首批国家级投资者教育基地命名评审工作，正式向 13 家由证券期货等服务机构设立的基地授牌； 2017 年，证监会正式颁布实施《证券期货投资者适当性管理办法》，首次对投资者分类做了统一安排； 2019 年 3 月，证监会成立投资者保护工作领导小组，并决定设立"全国投资者保护宣传日"；证监会、教育部联合印发了《关于加强证券期货知识普及教育的合作备忘录》
高质量发展的 成熟期 （2020 年至今）	2020 年，新《证券法》正式施行，专门为"投资者保护"开设新章；7 月，最高人民法院正式发布《关于证券纠纷代表人诉讼若干问题的规定》，推动证券纠纷代表人诉讼制度付诸实践；11 月，中央全面深化改革委员会第十六次会议审议通过了《关于依法从严打击证券违法活动的若干意见》； 2021 年，中证协、沪深交易所和全国股转公司联合发布《证券公司投资者教育工作评估指南》；中证协、中期协、中基协联合发布《证券基金期货经营机构投资者投诉处理工作指引（试行）》；中证协发布《证券公司投资者权益保护工作规范》；投保基金公司发布《中国资本市场投资者保护状况蓝皮书》（2021）系列子报告；9 月，北交所设立

　　"买者自负"历来被视为资本市场不言自明的交易准则，然而近年来频发的金融纠纷却为其招致此起彼伏的质疑。一是企业在处理应急事件时，"买者自负"容易沦为企业规避责任的理据依托。2020 年 4 月，中国银行在"原油宝"事件中"按规办事，投资者风险自负"的表态引起舆论哗然。[②] 二是政府在处理类似的群体性事件中，对投资者一体式适用

---

①　根据"黄金琳：以人为本，助力资本市场可持续发展——纪念资本市场 30 周年之证券投资者保护发展回顾与展望"一文整理。

②　2020 年 4 月，中国银行发布了关于原油宝业务情况的说明：原油宝产品挂钩境外原油期货，类似期货交易的操作，按照协议约定，合约到期时会在合约到期处理日，依照客户事先指定的方式，进行移仓或到期轧差处理。中国银行股份有限公司：《中国银行关于原油宝业务情况的说明》，2020 年 4 月 22 日，中国银行官网，https://www.bankofchina.com/fimarkets/bi2/202004/t20200422_17781867.html。

"买者自负"的处理方式，瓦解了投资者对财政兜底的心理预期。2015 年下半年，P2P 平台爆雷事件频发。以 e 租宝为例，风险爆发后，相关投资者的权益保护只能走事后的追讨或诉讼等渠道。三是在司法机关的类案裁判中，以"买者自负"为依据的理路得到确立。例如，被称为我国"权证第一案"的胡某诉白云机场信息提示案便是以"买者自负"作为裁判依据的一个典型案例。① 当前，我国立法尚未对"买者自负"作出明确的法律定义，关联规定散落于各个部门规章与低位阶的法律规范中。然而在市场交易和司法实践中，"买者自负"业已在较大范围内获得认同，这是研究投资者保护问题时无法忽视的现实。

传统金融学以理性投资者与有效市场理论的假设为基石，试图对"买者自负"在金融交易领域的无原则适用提供正当性证成。追本溯源，"买者自负"滥觞于近代私法意思自治原则。② 在西方自由主义和个人理性主义的席卷下，近代私法预设每一位公民具有完全平等的"法律人格"，并且不考虑知识水平及经济能力等方面的力量差异，拟制出"在理性、意识方面强而智的人像"③。因此，"买者自负"沿着"身份平等—契约自由—自己责任"的线性逻辑展开，这在早期普通商品交易中被视为理所当然。然而，现代金融领域的真实境况是市场普遍存在的信息不对称以及交易双方实质上的地位不对等。此外，行为金融学研究表明，"投资者的决策会受到来自认知偏差、羊群效应、噪声交易等因素的影响"④，实则仅具备有限理性。进言之，近代私法视野下的完全平等的"理性经济人"画像已成乌托邦式假设，"买者自负"的适用逻辑有待纠偏。需要指出的是，强调"买者自负"的适用，并不代表对投资者保护的绝对排斥，而是通过厘清权利义务边界，进而给予投资者适度的保护。

在"买者自负"视域下审视我国投资者保护措施，规范层面的决策为"买者自负"的回归提供了动力支撑，然而理念上保护逻辑的不周延

---

① 在胡某诉白云机场信息提示案中，上海黄浦区法院认为："原告作为权证投资者，对所涉权证公开性的讯息应及时加以关注并行使投资权利，由此而产生的因买卖系争权证造成的损失，根据'买者自负'的原则，应由其自行承担。"参见上海市黄浦区人民法院〔2007〕黄民二（商）初字第 842 号判决书。

② 杨为程：《证券交易中"买者自负"原则的检讨与反思》，《江汉论坛》2015 年第 4 期。

③ ［日］星野英一：《私法中的人》，王闯译，法律出版社 1997 年版，第 170 页。

④ ［英］威廉·福布斯：《行为金融》，孔东民译，机械工业出版社 2011 年版，第 7—9 页。

以及实际上制度构建的重心偏移，却使现行规则的功能期待难以满足。具言之，"卖者尽责"与"买者自负"二者间的关系仍待厘清，在金融数字化转型的背景下，以知情权为核心的投资者保护模式亦亟须重构。本章拟从当前保护模式的不足出发，结合金融市场发展趋势并结合域外经验，探索"买者自负"语境下投资者保护模式的理论框架以及工具体系的更优解，完成形式正义到实质正义的转变。

二　"买者自负"的误区：以"卖者尽责" 为中心的投资者保护

"制度建构者通常从维护法的实质正义价值视角出发，对弱者的权利做倾斜性保护安排。"[①] 在"卖者尽责"与"买者自负"二者关系上，《九民纪要》认为"卖者尽责"应是适用"买者自负"的前提条件，这反映出了我国司法机构开始强调父爱主义的价值走向。然而，以"卖者尽责"为中心的投资者保护理念在实践中也显露出对卖方的过度规制和对投资者能力关注不足的弊端。

（一）过度强调卖方责任

从制度设计的逻辑来看，"卖者尽责"以加重卖方义务进而扩大买方权利的逻辑推进，在形式上缓和了交易双方力量对比悬殊的矛盾。整体而言，"卖者尽责"主要表现为卖方机构的适当性义务。[②] 参照国际清算银行、国际证监会组织、国际保险监管协会于 2008 年联合发布的《金融产品和服务零售领域的客户适当性报告》的定义，"适当性"是指金融机构所提供的产品或服务与客户的财务状况、投资目标、风险承受能力、财务需求、知识和经验之间的契合程度。我国投资者适当性义务的构建肇始于21 世纪初，迄今已初步形成覆盖高风险等级金融产品和服务活动的体系

---

① 吴飞飞：《从权利倾斜到责任倾斜的弱者保护路径转换——基于法经济学视角的解读》，《广东商学院学报》2013 年第 6 期。

② 本书所称"卖方机构"限定在《九民纪要》所规定的范围内，即金融产品发行人、销售者及金融服务提供者。

框架。首先，在证券期货投资领域，2017 年证监会制定《证券期货投资者适当性管理办法》以明确经营机构在向投资者销售产品或者提供服务的各环节中应履行的适当性义务，为经营机构的适当性自查提供了标准向导和底线度量；[①] 2020 年《证券法》将其从一项道德义务正式上升为法定义务。[②] 其次，在银行理财领域，2018 年银保监会出台《商业银行理财业务监督管理办法》，承接《资管新规》第 6 条第 1 款对商业银行的适当性义务予以细化；2020 年央行发布《商业银行法（修改意见稿）》，新增第六章"客户权益保护"以进一步优化适当性管理的顶层设计，彰显以客户为中心的价值取向。最后，在保险销售领域，原保监会发布的《2017 年保险消费者权益保护工作要点》力陈制定保险产品适当性销售制度的重要性；2021 年银保监会下发《保险销售指引（征求意见稿）》，其中"适当性管理"独立成章，新规旧则的衔接预示着保险业的适当性管理趋严，为行业敲响警钟。此外，《九民纪要》在法律规则的适用、举证责任分配、责任主体承担、赔偿数额以及免责事项等方面对适当性义务作出了较之前更为"严苛"的规定。

"任何一种规范必须经得起社会生成的检验"[③]，从制度利益的实现来看，既有规范过分偏重于对投资者的弱势扶持，而对市场成本和社会整体利益的考量有所欠缺，法律适用的结果与实现实质正义的立法预期并未契合。以法社会学的视角嵌入，"卖者尽责"中心下的投资者保护理念还需回应以下现实问题的拷问：第一，企业合规压力飙升。企业社会责任的履行受到来自外部营商环境和制度规范的双重影响，而制度压力的不断施加难免使其困扰于其"企业效益"与"合规管理"的纠葛中，进而加剧其营利行为的短视性，不利于社会责任的承担。第二，政府责任形式的抉择。我国 A 股市场一度因强烈的行政干预而成为遭人诟病的"政策市"，但是 2015 年股灾的政策救市却被投资者视为理所应当。究其原委，一以贯之的倾斜保护思路使"买者自负"的关联规范被束之高阁，并未获得普遍的社会认同，因此，市场遭遇危机时仍难以摆脱政府兜底的路径依

① 《证券期货投资者适当性管理办法》第 3 条。
② 2020 年《证券法》第 88 条。
③ ［德］罗伯特·阿列克西：《法律论证理论：作为法律证立理论的理论性思辨》，舒国滢译，中国法制出版社 2002 年版，第 192 页。

赖。正如罗伯特·席勒所言，"人们潜意识里总是冀望于政府来当最终的救世主，正是这种成型的模式导致了经济危机"①。第三，对金融秩序的隐忧。从更深层次而言，通过折损企业的自由来达到交易平等的调整路径也反映了在追求金融稳步发展过程中利益衡量的偏失。投资者保护规则应避免沦为金融创新与金融稳定的制度藩篱。一言以蔽之，"绝大多数的权利倾斜性配置非但不能达到预期效果，反而会造成更加严重的问题"②。

（二）忽视主体能力培育

"公平合理的制度往往富有包容性，注重为社会弱势群体提供倾斜性的制度扶持和权利保障"③，而当结构调整已实现相对充分的金融赋权之后，制约投资者权益保护进程发展的因素便由权利欠缺转变成了能力匮乏。世界银行在 2013 年世界金融能力调查中指出，金融能力是指金融消费者在既定的社会经济条件下，作出适合的金融决定并依最佳金融利益行事的能力，包括引导消费者作出符合自身实际金融决定的知识、技能、态度和信心。④ 在同等的金融赋权条件下，金融能力的悬殊导致权利的最终实现出现了较为显著的个体差异性。造成主体博弈能力失衡的原因不一而足，制度供给的缺失、保护模式的错位、投资者自身的缺陷等皆有可能成为其诱因。其中，制度供给缺失和保护模式的错位尤其值得关注。在父爱主义布控下，沿着"卖者尽责"是"买者自负"前提条件的这一思路，我国对投资者的保护长期以来遵循着"事前权利义务的正向罗列和倾斜性安排，以及事后的救济方式"这一常规路径，⑤ 而关于主体能力提升的相关制度往往被束之高阁。

数字金融蓬勃发展的境遇下，金融产品、服务纷然杂陈，但是"我国投资者特别是证券基金投资者偏低的风险意识和承受力，尚没有为金融结

---

① ［美］罗伯特·席勒：《金融与好的社会》，束宇译，中信出版社 2012 年版，第 228 页。

② 应飞虎：《权利倾斜性配置研究》，《中国社会科学》2006 年第 3 期。

③ 李安安：《逻辑与进路：金融法如何实现收入分配正义》，《法商研究》2019 年第 4 期。

④ The World Bank, *Financial Education Programs and Strategies*: *Approaches and Available Resources*, Jan. 2014, World Bank Group, https：//documents1. worldbank. org/curated/en/90121147271 9528753/pdf/108104-BRI-FinancialEducationProgramsandStrategies-PUBLIC. pdf.

⑤ 刘盛：《监管沙盒的法理逻辑与制度展开》，《现代法学》2021 年第 1 期。

构再调整做好准备"①。自 2016 年《国家信息化发展战略纲要》提出要"开发信息资源，释放数字红利"以来，以智能化、大数据等为依托的区块链、云计算、智能投顾等高新技术被广泛应用于资本市场。在金融科技、互联网金融等新业态促进资本市场效率的同时，数字金融在提高投资者金融服务可得性的同时也加大了风险的复杂性。市场迅猛发展与投资者能力匮乏的矛盾愈发凸显，信息不对称程度的加深也使得投资者的市场博弈地位愈发颓势，金融排斥、数字鸿沟等现象逐渐受到各界的热议。最新数据显示，截至 2021 年 8 月底，A 股投资者数量已经达到 1.91 亿，② 其中持股市值在 50 万元以下的中小投资者占比达 97%。面对数量庞大的投资者，如何保护好他们的合法权益，尤其是广大中小投资者的合法权益，是我国资本市场在数字化转型发展过程中必须回应的问题。以老龄人口为例，客观层面数字金融的发展对老年人群体的影响呈现出反向的滞后效应。近年来，金融诈骗案件受害者中 60 岁以上老年人所占比例高达 70%，轰动全国的"广东邦家案"正是以投资养老金融产品之名行集资诈骗之实的典型案例。③ 同时，相关的实证研究结果表明，"专业金融知识的缺乏与投资经验的欠缺仍是制约我国中小投资者进行理性投资的重要因素"④。易言之，赋权式的制度安排似乎难以达到预设目标，法律应当重新考虑"买者自负"理念的走向，以实现金融市场的正义与秩序。

三　"买者自负"的回归：投资者保护的转型必要

"法者，天下之公器也；变者，天下之公理也。"投资者保护模式的

---

① 杜一华：《论适合性义务与"买者自负"原则的关系与调适——以金融投资商品交易为观察对象》，《河北法学》2018 年第 3 期。

② 中国结算网：《本月投资者情况统计表》，2021 年 8 月，http：//www.chinaclear.cn/zdjs/tjyb2/center_tjbg.shtml。

③ 2016 年 2 月，广州中院对广东邦家公司集资诈骗案进行宣判。该犯罪团伙通过免费健康讲座等活动吸引老年人关注，进而以融资租赁为噱头，以高息为利诱，吸引老年人投资，十年内行骗 16 省市，诈骗金额高达 99.5 亿，受害人数超 23 万人次。

④ 张腾文等：《金融知识、投资经验与权利能力》，《当代经济科学》2017 年第 6 期。

转型实则是监管规则演变、外部环境发展变革以及国际趋势引导等因素综合所致。实际上，规则的变迁大多是利益博弈的结果。不同时期、不同地区的投资者保护模式或许相差甚远，但共同之处在于在多因素耦合的场景下做出适时、适当的规则调整。

（一）金融监管制度变迁下的规则归位

近年来，在应急突发事件的处理中，我国金融监管理念不再单纯强调"卖者尽责"，反而是对"买者自负"愈加重视。长期以来，刚性兑付扭曲了金融市场正常的投资关系，削弱了投资者的风险敏锐度，使其陷入错误认知。同时，部分投资者仅关注收益率和资产管理人品牌实力，无视金融产品本身，最终导致投资的金融产品风险收益特征与其风险承受能力不匹配。P2P 投资正是此项下的典型，具体表现为：以信息中介为初始定位的 P2P 平台在 2013 年后主推本息保障机制，这与投资者的有限理性和群体模仿特性相契合，从而使投资者趋之若鹜。为保证市场健康有序发展，监管部门提出要打破投资者的刚兑信仰。[①] 根据 2018 年《关于规范金融机构资产管理业务的指导意见》第 2 条"资产管理业务是金融机构的表外业务，金融机构开展资产管理业务时不得承诺保本保收益。出现兑付困难时，金融机构不得以任何形式垫资兑付"[②]，正是对资产管理行业发展以来隐形的兜底担保表达了明确否定的监管态度，打破"刚性兑付"将变成中国金融市场的新趋势，深化"买者自负"成为题中应有之义。

同时，在面向未来的制度改革中，证券市场的注册制改革也表现出了"卖者尽责"与"买者自负"的高度融合。注册制相较于核准制，最主要的区别在于：一是最大限度弱化以往核准制下行政控制对市场的干预，由核准制到注册制的变迁实质就是资本市场监管模式的深层次变革，意味着证券市场治理权能由"他治"向"自治"过渡。[③] 二是信息披露在证券发行中扮演的角色和重要性需要发生根本性转变，并且从监管导向转变为投资者导向，判断企业投资价值的主体从证券发行管理机构转为投资者，主要体现在可以由

---

① 张军：《债券市场改革与投资者风险意识研究——来自公司债券发行定价的证据》，《证券市场导报》2021 年第 1 期。

② 中国人民银行、中国银行保险监督管理委员会、中国证券监督管理委员会、国家外汇管理局共同发布《关于规范金融机构资产管理业务的指导意见》（银发〔2018〕106 号）。

③ 徐瑜璐：《论注册制下的证券市场治理权能转向》，《河北法学》2020 年第 12 期。

投资者判决的事项转化为更加严格的信息披露要求，赋予市场主体更充分的交易自由与决策自由。例如，2019 年上海证券交易所设立科创板并试行注册制下的市场化改革举措，公权干预后撤，以信息披露为核心的监管理念得到强化，投资者决策立足于对上市公司公开信息的分析之上。[①] 概览而言，注册制通过强化发行人的信息披露义务进而培养投资者的自主决策与风险管理意识，侧面推动了"卖者尽责"与"买者自负"的联动，重新界定在金融活动中政府与市场的边界，契合我国当下整体的市场经济体制，有助于实现优化证券市场资源配置及投资者保护的终极目标。

（二）金融市场数字化转型的制度回应

数字经济时代，新兴技术的发展给金融业带来了深刻的变革，金融数字化转型不断深入。"数字金融泛指金融机构与互联网平台通过利用大数据、云计算、人工智能以及区块链等数字化技术，实现支付、结算、融资与投资等金融业务的新兴模式"[②]。随着科技革命和产业变革的不断推进，以大数据、云计算以及人工智能等作为技术支撑的数字金融获得快速发展，已成为一个国家金融高质量发展的重要引擎。从国际监管动态来看，2019 年国际清算银行设立创新枢纽（BIS Innovation Hub，BISIH），并于2020 年公开招聘区块链的专家团队，聚焦数字金融发展与创新。从典型地区的发展策略来看，2020 年下半年欧盟委员会发布了数字金融一揽子计划，并筹备于 2021—2022 年启动泛欧洲区块链监管沙箱。再如，2020年英国政府协同英国科技企业家网络机构 Tech Nation 旗下的"金融科技交付小组"（Fintech Delivery Panel）推出"金融科技合作承诺计划"，政企联动加速金融数字化转型进程。回归我国实践，2021 年中国人民银行印发《金融科技（FinTech）发展规划（2019—2021 年）》，从长远视角对金融科技发展做出战略部署。

然而，数字技术助力金融功能完善、推动金融服务拓展的同时，在风险应对和信息处理上也给投资者提出了新难题，"买者自负"理念亟须与时俱

---

① 中国证券监督管理委员会：《关于在上海证券交易所设立科创板并试点注册制的实施意见》，2019 年 6 月 27 日，http://www.csrc.gov.cn/pub/newsite/flb/flfg/bmgf/fx/sf/201906/t20190627_358169.html。

② 黄益平等：《中国的数字金融发展：现在与未来》，《经济学》（季刊）2018 年第 4 期。

进。主要体现在以下两个方面:一方面,金融风险的复杂性、不确定性已超出投资者风险吸收能力的合理限度。具体而言,投资者不只要为其本身所承担的市场风险负责,同时还要承担规范和监管缺失等制度风险,呈现出双重甚至多重的风险结构。近年来,诸如蛋壳公寓"租金贷"等披着金融创新外衣的"庞氏骗局"时有发生,同时,"互联网金融对金融风险结构的创新,也让金融消费者在金融风险分散与利用中首当其冲"①。投资者往往难以承受这种金融乱象所造成的破坏性影响,风险程度已远远超过"买者自负"的基本假设。另一方面,数据的井喷式增长使信息不对称的现实进一步向数据不对称演化,投资者资产配置的合理性和有效性难以保证。尤其在数字金融服务场景下,投资者与获得"数据垄断"优势的数字金融平台相比,处于绝对的劣势地位。此外,数字金融普及程度的差异也激化了金融发展过程中的区域矛盾和群体矛盾。针对这一问题,中国人民银行负责人在 2021 中国(北京)数字金融论坛上点明了弥合数字鸿沟的急迫性。② 如果消费者过度暴露在这些风险中,其对金融系统和技术创新的信心和信任将会被破坏,从而危及金融科技作为数字金融发展驱动力的潜力。

(三) 金融素养培育全球化的因势利导

参照经济与合作组织(Organization for Economic Co-operation and Development, OECD)于 2011 年对金融素养的定义,金融素养是与金融事务相关的意识、知识、技能、态度和行为,并将其用于金融决策以改善个人金融福利。金融素养是个人在金融市场中博弈能力的重要构成和来源,良好的金融素养是个人参与金融活动获得公平对待的基础。经验研究亦表明,认知能力更强的投资者,金融决策质量更高。③

金融发展步伐的加快对投资者的金融素养提出了更为严格的要求,特别是在经历 2008 年金融危机的冲击之后,国民的金融素养水平逐渐成为世界各国投资者保护实践中的关注焦点。在国际组织层面,2002 年 OECD 发布《关

---

① 杨东:《互联网金融风险规制路径》,《中国法学》2015 年第 3 期。

② 《央行:金融科技是弥合数字鸿沟、解决发展不平衡不充分问题的重要手段》,2021 年 9 月 10 日, https://baijiahao.baidu.com/s? id=1710497901006649925&wfr=spider&for=pc。

③ Daniel J. Benjamin and Sebastian A. Brown and Jesse M. Shapiro, "Who is 'Behavioral'? Cognitive Ability and Anomalous Preferences", *Journal of the European Economic Association*, Vol6, No. 6, 2013, pp. 1231-1255.

于金融教育和认识的原则与良好实践》，创建国际金融教育网络，积极推介国民金融教育的良好经验。2012 年，世界银行发布《金融消费者保护的良好经验》，分别从制定金融教育计划、成立制定和执行金融扫盲计划的组织、制定一系列针对不同阶层的金融扫盲措施三个角度对金融消费者保护提出建议。事实上，不论是发达国家还是发展中国家，国民金融素养总体上均处于较低水平。因此，各国政府积极制定提高国民金融素养的国家政策，并契合本国国情而有所偏重。整体而言，发达国家旨在保护金融消费者权益，维护经济运行的正常秩序。例如，英国金融服务局于 2003 年成立"金融能力指导委员会"，负责研究制定并组织实施国民金融素质培养总体规划，将金融能力教育内容纳入中学必修课程。2011 年，美国金融素质与金融教育委员会（Financial Literacy and Education Commission，FLEC）对国家金融教育政策做出了修改，强调提升公众对金融教育的认知度，并提高金融教育资源的有效性。二者的制度旨趣均指向公众金融知识和决策水平的提高。反观发展中国家，其金融教育侧重点与发达国家存在显著不同，更多地呈现出对发展普惠金融与消除贫困的政策关切。例如，2010 年印度制定金融教育政策，以"普惠金融，共同发展"为首要目标，规划了发展国家经济、改变落后局面的实施路线图。2011 年 7 月到 2016 年 6 月，俄罗斯开展全国性"金融扫盲 5 年计划"，致力于提升学生和贫困人口的金融素养。

相比之下，我国的金融素养实践并未得到系统、全面的推进，而是以零碎敲打的方式进行，绝大多数研究也仅停留于对金融教育重要性的肯定，在具体模式以及特定人群的针对性举措方面仍然处于探索之中。OCED 将金融教育定义为通过相关信息、指导和建议，使金融消费者和投资者充分理解金融产品和相关概念，有效识别金融风险和金融机会，理性作出金融决策，熟知救济途径以及采取有效行动以提高其金融福利的过程。不可否认的是，金融素养的提升需以金融教育的广泛普及为保障，金融教育为提高弱势主体参与金融市场活动的博弈能力保驾护航。因此，监管部门和金融机构也围绕金融教育开展了大量工作并取得一定成效。[①]

---

① 比如，2015 年，国务院《关于推进普惠金融发展规划（2016—2020 年）》要求，要建立金融知识教育发展长效机制，推动部分大中小学积极开展金融知识普及教育。2019 年，证监会联合教育部印发《关于加强证券期货知识普及教育的合作备忘录》，推进长效协作机制的建设，目前，31 个省、直辖市、自治区将投资者教育纳入国民教育体系，累计在近 5000 所学校开展教学试点。

2015 年，国务院办公厅《关于加强金融消费者权益保护工作的指导意见》明确提出，教育部要将金融知识普及教育纳入国民教育体系，切实提高国民金融素养。根据中国人民银行《消费者金融素养调查分析报告 2021》的最新数据显示，我国投资者对金融教育的重视程度较往年有所提高，与 2019 年相比，认为金融教育非常重要的比例提高了 14.04%，认为金融教育无关紧要的比例则下降了将近 10%。① 客观地看，我国投资者接受金融教育的起步时间远远晚于市场较为成熟的发达国家，在我国投资者保护发展革新的进程中，金融素养的提升仍是任重道远。

四　"买者自负"的实现：投资者保护的制度优化

投资者保护制度的优化是关涉投资者、经营者、监管者三方关系调整的渐进过程。前文已论，我国在突破政府兜底思维、恢复市场化主导的交易秩序上取得一定成效。然而，面临金融市场结构性调整的大变局，监管能力有限与法治保障滞后的现实阻滞了投资者保护机制作用的发挥。因此，未来应在赋能的语境下，探索"买者自负"与"卖者尽责"的适用衔接，并以金融素养作为政策工具，纠偏市场主体间失衡的博弈地位并构建以金融公平为目标的统筹机制，促进金融市场的可持续发展。

（一）监管理念的调试：从赋权到赋能

赋权式的投资者保护逻辑需要与能力有关的驱动机制的配合，以法律赋能理论为价值导向对监管理念进行调适不失为一种行之有效的措施。"所谓法律赋能，是指使弱势群体增长信心、知识、能力、资源等权能，从而得以利用法律来保护、促进自身权利、利益，获得机会的过程"②。与以往的法律赋权不同，赋权式的制度设计将市场主体置于"权利—义

① 中国人民银行金融消费权益保护局：《消费者金融素养调查分析报告（2021）》，《金融时报》2021 年 9 月 6 日第 3 版。
② 程骞等：《中国农村治理变迁与获致司法正义——"法律赋能"的启示》，《北方法学》2015 年第 1 期。

务—责任"的逻辑项下，重点关注在具体交易场景中经营者与消费者的对等关系，意图通过自上而下式的静态权利确认调整弱势一方的地位。与之相反，法律赋能理论不仅仅关注权利表征，而且将投资者保护置于更具全局性意义的"权利—权力"的社会逻辑语境下，[①]旨在通过提升投资者的权利能动性，进而自下而上地实现与维护自身权益。换言之，法律赋能不只是在限定权利数量的客观增加，而是旨在通过更具周延性的法律机制创设，在静态赋权的同时促进市场主体权利能力的自觉性。赋能是金融公平法律实现的必要手段，以法律赋能的逻辑对传统思维范式进行调整，通过增强弱势主体的博弈能力以促进其权利自觉，是实现实质意义上金融公平的应然选择。赋权与赋能并非是择一的关系，而是以投资者保护为中轴的延伸关系。结合我国金融市场发展的现实境况，法律固有的滞后性在金融交易领域尤为凸显，金融风险的不断复杂化成为投资者保护路上的一大掣肘，亟须通过法律赋能的制度安排从根本上改变弱势群体权利能力孱弱的局面：

其一，宏观层面上实质性推动金融教育国家战略的制定与实施。一方面，将发展金融教育提升到国家战略地位是国际经验的总结。截至 2019 年，全球已有超 60 个国家和地区实施金融教育国策，开展形式丰富的国民金融知识教育。世界银行曾以巴西 868 所中学为调查样本，接受调查的中学生达 2 万人次，调查结果宣示了早期金融教育对中学生金融知识的正面影响。[②] 另一方面，从战略层面规划金融教育的机制与框架是契合我国国情的统筹考量。早在 2013 年 5 月，中国人民银行、原银监会、证监会、原保监会便联合研究制定了《中国金融教育国家战略（草稿）》，并已提交 G20，对我国金融教育的实施机制、推进举措等作出了初步的政策指引。因此，应以域外经验为镜鉴、以我国金融市场发展流变为现实依托，在草稿的基础之上加快我国金融教育发展战略的制定落实。其二，中观层面上提升投资者受教育权的政策优先级。注册制下信息披露标准的趋严进一步巩固了知情权在投资者权利体系中的核心地位，但是"在传统以知情

---

① 靳文辉：《法权理论视角下的金融科技及风险防范》，《厦门大学学报》（哲学社会科学版）2019 年第 2 期。

② 俞达等：《金融素质教育的国际经验》，《中国金融》2014 年第 10 期。

权为代表的信息规制路径之外，还应当重视消费者受教育权的实质化实现"①。投资者受教育权的落实是保障投资者其他权利可及性的先决条件，也是衔接金融教育国家战略的重要抓手。其三，微观层面上关注投资者的群体差异性，区分不同的投资者画像进而实现类型化、针对性的政策支持。例如，"大学生金融素养培育应坚持现实问题处理与长期制度规划并重"②，重点清理问题金融平台、遏制"校园贷"等极端事件发生，并将大学生金融教育纳入金融普惠工程的规划之中。

（二）监管规则的完善："卖者尽责"与"买者自负"的制度衔接

"卖者尽责"是维护投资者权益的重要抓手，而"买者自负"理念的回归也在侧面推动投资者自我保护意识的提升，二者不可偏废。有关投资者弱势保护的政策支持，不能简单化为一味的"家长式"保护，③而在缺乏有效的风险管理机制和高效的责任追究机制下，过分强调"买者自负"则无疑是将投资者置于更加容易遭受侵害而维权无门的境地。在此种情况下，"有关保护弱者的政策支持，在诠释法律伦理关怀的前提之下，也应考虑制度运行的社会成本，在不同的路径方法之中做出机会成本最低的选择"④。在赋能理念确立后，关联规范的补缺则成为必需。此时，以投资者保护需求为逻辑基点对投资者适当性义务规则和信息披露制度进行优化的思路具有可行性。

现行规范对适当性义务的规定过于宽泛和严格，可从以下两个角度进行优化：其一，在责任承担上引入过失相抵原则。当前对于未履行适当义务的主体应该承担何种程度的赔偿责任并未有明确及统一的规定。从《九民纪要》第72条和第75条来看，对未履行适当性义务的主体确立了"全赔"的规则，而《证券法》则是模糊规定了"承担相应责任"。此外，在个案审理中，由金融机构承担全额赔偿的案件也占据了绝大多数。可见，

---

① 刘乃梁：《金融素养培育的实践源流与制度因应》，《金融发展研究》2021年第7期。

② 朱琳：《校园金融市场的法律治理——基于主体能力视角》，《经济法论坛》2019年第2期。

③ 杨宇非：《适当性制度不等于对投资者提供"家长式"保护》，《中国证券报》2020年6月3日第3版。

④ 应飞虎：《权利倾斜性配置研究》，《中国社会科学》2006年第3期。

我们过于强调对适当性义务赋责，却忽视了投资者也应保有审慎注意义务。在金融机构未履行适当性义务之下，适用过失相抵原则在买卖双方之间分担损失，并让金融机构承担更多责任，是培养投资者风险意识、规范适当性义务实践的题中之义。其二，进一步细化投资者分级和产品分类标准，针对性地践行不同的适当性义务。在适当性义务成为强制性法律义务的前提下，对于金融消费者和高风险金融产品的范围界定却过度宽泛。如此规定，可能在个案中使无辜的投资者受到最大限度的法律保护。但考虑到更广泛的层面，金融机构在每一单产品交易中被追诉的法律风险加大，交易效率也将随之下降，由此，追求高效交易的专业投资者很难匹配到舒适的交易方式，其投资金融产品的积极性也会随之降低，这种风险成本会对整个金融市场产生消极影响。

就信息披露制度的改进而言，应立足于投资者真实的信息需求，防止投资者导向到监管导向的倒退演变。纵观各国实践，金融监管机构不断鼓励或要求发行人扩大信息披露范围以及增加所需披露信息的数量，原本定位于保障投资者知情权的制度近乎异化成监管合规的工具。申言之，信息披露制度的实践纠偏需对以下两个问题进行妥善解决：一是信息超载。"信息的超载问题严重挑战了在证券法居于核心地位的信息披露哲学的有效性。"① 应严格以降低信息不对称为基本目标，将信息披露的范围限缩为对投资决策有实质性影响的信息。二是纾解信息披露完整度、金融效率及加强投资者保护之间的矛盾。在证券实践中，发行人和中介机构往往选择在监管范围内最大限度地压缩信息披露成本，避重就轻地选择自身的优势信息进行披露，诸如瑞幸咖啡财务造假等事件时有发生，从历年证监会行政处罚典型案例中信息披露违法案件的数量可以得到佐证。② 在此情形下，投资者保护的实效难免大打折扣。因此，监管部门应将市场的盈利需求与投资者的信息需求一并纳入利益衡量中，降低欺诈等损害投资者的不

---

① 梁伟亮：《科创板实施下信息披露制度的两难困境及其破解》，《现代经济探讨》2019 年第 8 期。

② 根据证监会官方公示信息显示，2020 年度信息披露违法处罚案件共 120 例，在证券稽查 20 起典型违法案例中，信息披露违法案件便高达 11 起，具体事由涉及财务造假、资金占用、违规担保、关联交易等，主要的违规情形表现为信息披露不真实、不准确、不及时、不完整、不规范。例如证监会最高处罚案——龙薇传媒并购案中，由于后者并未通过万家文化公司公告披露其"外部融资均失败"的重大事实，对市场和投资者产生严重的误导，构成信息披露重大遗漏。

正当行为的概率，维护投资安全、交易公正的市场交易秩序。

（三）特殊工具的应用：金融素养

金融素养是实现与维护实质意义的金融公平的重要政策工具。就投资者个人而言，金融素养"是其所拥有的为其一生金融福祉而有效管理其金融资源的知识和能力"[1]；同时，个人金融素养水平的高低也影响居民家庭金融的资产配置。[2] 诚然，我国监管部门与金融机构对金融素养的探索实践值得肯定。然而国民金融素养提升并非一朝一夕，而是一项长期复杂的系统性工程，碎片化、试点型的政策宣传与理念倡导并未使金融素养的工具价值得到最大限度地彰显。《消费者金融素养调查分析报告 2021》指出，"我国消费者在分散化投资、风险收益关系方面的掌握较 2019 年有所下降"[3]。可见，我国的金融素养实践仍存在较为明显的短板。进言之，结合"卖者尽责"与"买者自负"的现实困境，综合域外发展经验，可以从以下两个角度进行思考：

从理论发展的角度来看，应加强金融素养理论与实务研究，为实践的推进提供理论导引。在基础性研究上，重点关注数字金融素养领域的要素发展；在实证性研究上，立足 P2P 爆雷、证券欺诈等典型事件，力求验证金融创新与金融风险之间的触发与传导机制，夯实金融风险防控的理论根基。从内容设计的角度来看，应扎根我国金融素养的现实水平并回应数字金融的挑战。一是体现针对性，鉴于金融素养的异质性实施有针对性的金融教育，即根据不同投资需求分为一般金融素养与专业金融素养，进而"对症下药"。二是注重代入性和应用性，在项目设计中要凸显金融知识属性和金融决策内涵，与普遍意义上的数字计算、语言理解等一般认知能力相区别，例如可以模拟真实投资场景开发对应的金融决策案例。三是提高精准性和数字化水平，当前数字金融加速前行，考虑到金融创新的速度和金融产品的日益复杂，金融教育还应努力跟上市场和产品的变化，及时更新金融教育的具体内容。

---

[1] 胡振等：《金融素养对家庭理财规划影响研究——中国城镇家庭的微观证据》，《中央财经大学学报》2017 年第 2 期。

[2] 吴卫星等：《金融素养与家庭资产组合有效性》，《国际金融研究》2018 年第 5 期。

[3] 刘国强：《我国消费者金融素养现状研究——基于 2017 年消费者金融素养问卷调查》，《金融研究》2018 年第 3 期。

本章小结

　　"任何一种新立法模式皆非立法者主动创新，而是其在既有模式无法满足投资者新产生的受保护需求时，被动回应性的机制创设。"① 传统思维范式下，法律父爱主义的渗透使私法自治渐渐被弱化，在"政府之手"的庇护下，投资者的投资理财行为弥漫着投机气息，"买者自负"在金融市场活动中的适用被异化，从"自己责任"到"国家责任"的嬗变使投资者保护的目标未能有效实现。"买者自负"预期效果之实现，有赖于投资者提高自身风险意识与更新传统理财观念，有赖于金融市场与金融产品信息披露质量的提升，更需要法律转变事前强干预的投资者保护范式，以金融教育替代传统的政府兜底模式，在尊重私法自治的基础上，不断提升投资者素养，最大限度地实现金融公平。因此，从赋权模式到赋能模式、从注重事前监管和事后救济到加强投资者金融教育的转变，是新时代应对投资者保护现实困境的可行路径。

---

　　① 张艳：《个人投资者的保护逻辑与新时代的路径选择——以金融产品销售为例》，《当代法学》2019 年第 1 期。

第五章

金融素养法律实现的法权配置

　　受制于责任体系的缺失与客体标的的模糊，金融素养的制度衍生既面临学理层面的有效性质疑，又面临实践层面的可持续瓶颈。正因如此，现有金融素养的学术探讨更多集中于定量研究下的有效性评估，实践发展也多以倡导式发展为主。然而，植根于金融危机与金融深化反思的金融素养制度拓展，仍需借助法律与监管层面的体系孵化，以期成为金融消费者保护体系的基石环节。当前，我国金融消费者保护沿袭消费者保护领域的"倾斜保护"理念，主要通过消费者"赋权"与经营者"赋责"的制度设计实现交易二造的实质公平。但是，客观上数量庞大、定位鲜明的消费者权利保护体系并未能实质性保护金融消费者。立足数字经济的迅猛发展与我国资本市场监管规则的现代性完善，金融消费者保护制度体系仍需以金融素养培育为靶心进行回应型改造。

　　金融素养培育并非推陈出新，而是对现有体系进行修补与完善。从交易逻辑到法权逻辑，金融素养培育的法律实现应在现有"权利—义务"的场域下扩张并聚焦"权利—权力"的逻辑与制度实现。从"权利"一端来看，目前金融消费者权利保护的体系布局一方面为以金融素养为代表的"基础设施"发展提供法治温床，另一方面或许也会引发权利发散下金融素养实践发展的错位。从"权力"一端来看，当前金融监管体系囿于"秩序与效率""安全与创新"的可持续矛盾，未能在金融消费者保护中寻求有利的制度回应。面向资本市场注册制、金融社会化等金融市场发展趋势，金融素养培育有望成为这一冲突领域的制度缓冲区。有鉴于此，本章将尝试阐释金融素养法律实现的法权需求、法权配置及其制度实现的路径。

一　金融素养培育实践的法权检视

在我国金融市场的制度变迁中，金融消费者保护历来是我国金融监管权力运作的重要领域。作为金融消费者保护的"基础设施"，金融素养培育伴随后危机时代的全球浪潮也在中华大地逐渐开始制度化运作。与国际探索的多元化略有不同，我国金融素养培育实践多呈现为"自上而下"的制度宣示，而这种借助行政权力的金融素养培育虽然取得了一定的效果，但在法权逻辑下面临功能错位与可持续困境。

（一）我国金融素养培育实践的体系特征

2008年国际金融危机爆发以来，金融消费者保护成为各国金融监管变革的主要方法。从专职机构的设立到专门立法的出台，为金融消费者编织一张以权利为表征的保护网成为各国监管的共识。诚然，金融素养培育无疑是金融消费者保护项下更为基础、更趋本质的命题。当前有关金融素养培育的权力运作，也均由国家权力背书的监管机构推行。当前金融监管视域下金融素养培育实践表现出以下特征：

第一，宣示性立法，即在金融市场部门领域立法实践中明确。例如促进金融素养培育的宣示性条款。在中国人民银行2016年与2020年相继颁布的《中国人民银行金融消费者保护实施办法》中，均涉及对金融教育培育体制的内容界定与职能分配（详见表5-1）。对比来看，两部办法都将"金融知识普及和金融消费者教育机制"作为金融机构消费者权益保护内控制度的必要组成部分，而金融监管机构金融素养培育职责不断深化，相关规定已经由单纯的宣示，逐渐走向更为明确的制度体系职称。例如，2016年办法更多强调作为经营者一方的金融机构在金融素养培育中的义务，而金融监管机构的职责仅仅停留于"建立金融消费者权益保护案例库制度"，而2020年办法则通过金融消费纠纷调解组织设立、消费者金融素养调查等具体制度推进金融素养培育制度设想落地。值得关注的是，在近年来《证券法》《商业银行法》的修订中，"金融教育入法化"逐渐引起社会舆论的关注。

表 5-1　　　　《中国人民银行金融消费者权益保护实施办法》
金融教育相关规定对比

《中国人民银行金融消费者权益保护实施办法》〔2016〕314 号	《中国人民银行金融消费者权益保护实施办法》〔2020〕第 5 号
第八条　金融机构应当建立健全金融消费者权益保护的各项内控制度,包括但不限于以下内容: (六)金融知识普及和金融消费者教育机制	第八条　银行、支付机构应当落实法律法规和相关监管规定关于金融消费者权益保护的相关要求,建立健全金融消费者权益保护的各项内控制度: (六)金融知识普及和金融消费者教育制度
第九条　金融机构应当开展金融消费者权益保护员工教育和培训,提高员工的金融消费者权益保护意识和能力。 金融机构应当每年至少开展一次金融消费者权益保护专题教育和培训,培训对象应当全面覆盖中高级管理人员及基层业务人员 第二十五条　金融机构应当制定年度金融知识普及与金融消费者教育工作计划,结合自身特点开展日常性金融知识普及与金融消费者教育活动。金融机构不得以营销个别金融产品和服务替代金融知识普及与金融消费者教育	第二十四条　银行、支付机构应当切实承担金融知识普及和金融消费者教育的主体责任,提高金融消费者对金融产品和服务的认知能力,提升金融消费者金融素养和诚实守信意识。 银行、支付机构应当制定年度金融知识普及与金融消费者教育工作计划,结合自身特点开展日常性金融知识普及与金融消费者教育活动,积极参与中国人民银行及其分支机构组织的金融知识普及活动。银行、支付机构不得以营销金融产品或者服务替代金融知识普及与金融消费者教育
第四十四条　中国人民银行及其分支机构建立金融消费者权益保护案例库制度,按照预防为先、教育为主的原则向金融机构和金融消费者进行风险提示	第五十八条　中国人民银行及其分支机构建立金融消费者权益保护案例库制度,按照预防为先、教育为主的原则向银行、支付机构和金融消费者进行风险提示
	第四十六条　金融消费纠纷调解组织应当依照法律、行政法规、规章及其章程的规定,组织开展金融消费纠纷调解、中立评估等工作,对银行、支付机构和金融消费者进行金融知识普及和教育宣传引导
	第四十九条　中国人民银行及其分支机构统筹开展金融消费者教育,引导、督促银行、支付机构开展金融知识普及宣传活动,协调推进金融知识纳入国民教育体系,组织开展消费者金融素养调查

　　第二,运动式倡导,即金融监管机构在集中时间内开展与金融素养培育相关的倡导活动。中国人民银行自 2013 年开始,确定每年 9 月在全国范围内开展“金融知识普及月”活动,强化金融素养储备,提高金融市场风险认知(详见表 5-2)。从形式上来看,央行主导下的“金融知识普及月”的“运动式”特征表现为常态化时间段内的全盘联动,即在央行主导之下各级金融监管机构、金融从业机构积极响应。从实质上来看,我国金融素养培育实践的“运动式倡导”还愈发表现为聚焦金融市场热点

问题的及时回应，以及金融监管机构的权力合作。如果说早期的"运动式倡导"停留于基础金融知识的宣教阶段，那么近期的"运动式倡导"更加注重对金融诈骗、互联网金融等热点问题的积极回应。金融素养培育实践的聚焦性提升有助于在"运动式倡导"外衣下促进金融素养培育的社会认可与制度衍生。

表 5-2　　　　　　　　　2013 年以来"金融知识普及月"活动一览

年份	口号	主题内容
2013	学习金融知识，了解风险责任，共建和谐金融	开展金融知识的普及、宣传，扩大金融服务受众面，使更多的金融消费者享受金融业改革发展的成果；强化风险意识和责任意识教育，帮助金融消费者树立"买者有责、卖者尽责"的理念
2014	普及金融知识，惠及百姓生活，共建和谐金融	重点普及金融消费者日常生产生活中所必要的金融基础知识、金融风险的辨识与防范知识。具体包括金融政策法规、存贷款知识、商业银行柜台债券业务知识、支付结算知识、征信知识、人民币知识、国库知识、反洗钱知识、黄金及贵金属知识、外汇知识、维权知识及人民银行货币政策委员会职责、相关工作机制等内容
2015	普及金融知识，提升金融素养，共建和谐金融	开展金融知识普及活动，提升广大消费者的金融素养；提高消费者对金融新业态的认知和理解，增强风险意识，共创和谐的金融环境
2016	普及金融知识，提升金融素养，共建和谐金融	开展金融知识普及活动，重视不同群体消费者（重点关注小微企业、农民、城镇低收入人群、贫困人群和残疾人、老年人六类特殊群体）的金融需求，提升广大消费者的金融素养，引导其正确运用金融知识，增强风险意识和责任意识，共创和谐金融环境
2017	普及金融知识，提升金融素养，防范金融风险，共建和谐金融	针对不同人群金融知识的薄弱环节和金融需求，开展金融知识普及活动。重点向农民、务工人员、青少年、老年人和残疾人提供获取金融知识的途径和防范风险的技能。提升公众的金融知识和风险责任意识，引导其合理选择金融产品和服务，抑制盲目投资冲动，保护消费者合法权益，防范金融风险，维护金融安全
2018	提升金融素养，争做金融好网民	针对不同人群金融知识的薄弱环节和金融需求，开展金融知识普及活动，面向金融消费者，尤其是低净值人群和广大网民，提供获取金融知识的途径和防范风险的技能，引导消费者合理选择金融产品和服务，自觉抵制网上金融谣言和金融负能量，共建清朗网络空间，使得金融的发展更好地满足人民日益增长的美好生活需要
2019	普及金融知识，防范金融风险，共建小康社会	针对不同人群金融知识的薄弱环节和金融需求，面向金融消费者、投资者和广大网民，宣传基础金融知识和风险防范技能，提升其金融素养和风险责任意识，免受违法违规金融活动侵害；引导消费者和投资者理性选择、正确使用金融产品和服务，自觉抵制网上金融谣言和金融负能量，共建清朗网络空间

续表

年份	口号	主题内容
2020	普及金融知识，提升金融素养，共创美好生活等系列口号	面向金融消费者和投资者，宣传基础金融知识、金融支持"稳企业保就业"政策和金融风险防范技能，帮助金融消费者和投资者理性选择适合自己的金融产品和服务，远离非法金融活动，助力实现全面建成小康社会、决战决胜脱贫攻坚目标任务；引导金融消费者和投资者自觉抵制网上金融谣言和金融负能量，共建清朗网络空间，让人民群众更好地共享金融改革发展成果，满足人民群众美好生活需要
2021	普及金融知识，提升金融素养，共建清朗网络，共享美好生活	面向金融消费者和投资者，宣传基础金融知识、红色金融史和金融风险防范技能，帮助金融消费者和投资者理性选择适合自己的金融产品和服务，增强风险防范意识和责任意识；引导金融消费者和投资者自觉抵制网络金融谣言和金融负能量，共建清朗网络空间，巩固脱贫攻坚成果，共享金融改革成果

第三，体系性协同，即金融素养培育实践不局限于单一金融监管机构的权力主导，而是表现出以金融消费者保护部门协同为特征的体系性联动。从纵向维度看，各级金融消费者保护部门对部门规章中规定的金融教育宣传机制、实践运行中的"金融知识普及月"等积极贯彻落实；从横向维度看，金融素养实践的开展建立起监管权中心、市场问题中心等不同层次的监管协同：一方面，金融素养的"运动式倡导"不再停留于央行的独立主导，银监会、证监会等领域金融监管机构均在各自职责范围内开展存款安全、投资者教育等金融素养内核的制度实践；另一方面，着眼于电信诈骗与金融数字化发展趋势，自 2018 年以来，"金融知识普及月"开启央行、银监会、证监会与国家网信办的协同主导模式，金融素养培育的重要性逐渐得到监管层的重视。

（二）法权视域下我国金融素养培育实践的问题

与传统"权利—义务""权力—责任"的传统节点关联相比，"权利—权力"的法权逻辑较少受到学术界关注，但是在市场经济法治实践中大有成为显象之势。而这一逻辑也正符合传统公私法领域之外，作为第三法域的经济法的交融特征。从金融素养培育的发展来看，其制度缘起于市场主体的权利需求，而相应制度拓展多依靠权力主导。因此，在"权力—权利"的法权逻辑之下更能表现出当前我国金融素养培育的现实问题。具体而言，这些问题可能表现在：

一方面，以金融教育倡导为主线的制度推进未能实现金融素养培育法治化。我国政府在宏观维度历来重视金融消费者保护、投资者保护、金融教育等金融市场主体权益维护的基础性命题，并且金融教育国家战略的推出、消费者金融素养调查常态化机制、金融知识宣传月的持续性开展均表现出金融素养培育中的权力主导动机。诚然，在宣示性立法、运动式倡导与体系性协同的涵摄之下，我国金融素养培育仍未步入真正意义上的法治轨道。放眼全球金融素养实践，金融素养培育法制化是多数国家推崇的制度运行目标，而我国虽然已经通过央行部门规章递进细化金融素养培育制度，但其停留于宣示层面的制度实践仍然不具备法制化的强制保障特征。从法权逻辑来看，金融素养培育历来受到争议的核心正是"道德义务法制化"，在巨大的制度成本与不确定的制度回报中，社会舆论通常寄希望于政府的公共作为来实现市场弱势主体权利的维护。面对这种自下而上的制度变迁期待，若金融素养不能在法治框架内寻求常态化运转、明确责任主体，则金融素养培育制度实践的形式化运转难以避免。从制度效能的角度来看，当前金融素养的倡导式推进虽然在舆论宣传效果上具有一定的影响，但是金融素养培育的制度实践仍未针对主体异质性进行更为行之有效的制度深化。借助于更广范围、更大程度的法治协同是未来金融素养培育实践的必然举措。

另一方面，以受教育权为中心的制度配置未能实质介入我国金融监管体系。金融素养培育不是对传统金融消费者保护理念与制度体系的推翻重建，而是在新问题、新目标下的制度嵌入。金融素养培育实践并未脱离我国金融消费者保护权利体系。无论是宏观立法推荐抑或微观活动开展，我国金融素养培育实践从形式上表现出对金融消费者受教育权的维护，即以金融知识普及为载体，以金融市场问题应对为目标，维护金融消费者获得金融产品信息与风险信息的基本权利。诚然，我国金融素养实践虽然明确以受教育权为中心进行制度拓展，但是并未取得突破性的期待效果。从消费者保护的传统权利体系来看，受教育权并非较为"强势"，抑或受到政府较多关注的权利类型。受制于权利制度的运行成本，受教育权的宣示属性并未在金融监管体系内得到有力的嵌入。从金融监管职能部门设置来看，金融消费者保护更多是以普遍性、行业性、热点性问题为切入点，对以受教育权为内核的金融素养培育缺少较为针对性的制度关注。在现有金融素养培育实践中，消费者金融素养调查的作用停留于金融素养状况的纸面呈现、"金融知识宣传月"对金融素养的普及也仅仅停留于短期的舆论倡导，制度的单向化、集中化实施表现出未能在监管体系内建立常态化、可持续的制度机制。

二　金融素养培育需求的法权表达

金融素养实践未能步入法制化轨道的重要原因在于现有制度运行未能在法权逻辑之下有效地处理金融素养培育法制实现的制度供需矛盾。金融素养培育法治实现的制度需求既来源于制度变迁下金融市场的风险演进，又需要立足当下亟待解决之市场问题，还应适应金融创新发展之趋势预测未来的潜在需求。在金融教育语境的客观厘定下，落实权力责任、界定权利内涵是法权逻辑下制度完善的必然之举。

（一）金融素养的语境厘定：过去、现在与未来

具有法治化制度内涵的金融素养不能一蹴而就，而是在伴随金融市场创新发展的秩序反思中不断沉淀基础内容，进而明确主体导向下特殊的法治诉求。从纵向发展来看，金融素养的语词含义经历了三个阶段的演变：

第一，以金融专业知识为内涵的校园金融教育。金融素养并非在金融市场发展之初就自然形成的产物，在金融素养概念形成的早期，它更多表现为植根于校园载体的金融教育。国外较为开放的金融市场信用体系允许大学生乃至高中生在监护人监督之下开启独立的金融信用生活，而这一制度运行的基础正在于基础金融知识的普及。由此，以金融专业知识为载体的校园普及成为萌芽期金融素养概念的本质。从法治视野来看，本阶段金融素养概念尚未具备法制化需求，其衍生目标也仅仅停留于知识普及的倡导阶段，并且在实践中并未在诸多领域得到普遍性认同。从制度内涵来看，早期的金融教育未形成体系化的逻辑结构，金融教育更多作为一项专项事务个别化地存在于独特场域之中。

第二，以金融消费者保护为内涵的市场金融素养。金融素养法制化内涵的开启归功于2008年国际金融危机的爆发。诚然，在资本主义世界历次的金融危机反思中，金融知识都会成为一个讨论场域，但是2008年国际金融危机之后的金融素养讨论表现出不同以往的特殊性。金融市场快节奏的创新发展忽略了金融消费者的弱势保护，而金融素养正是在金融消费

者保护运动中发展出的独特制度衍生分支。具体而言，后危机时代的金融素养培育既受益于金融消费者保护运动，又表现出独立性特征。从融合角度来看，金融消费者保护与金融素养都是从主体弱势出发开展的法制化诉求，而从独立角度来看，金融素养培育面临不同于金融消费者保护的"道德义务法制化"命题。客观而言，在全球金融消费者保护运动浪潮下，金融素养培育并未产生相匹配的制度效果，但是将其上升为国家战略、尝试法制化实现已经成为国际社会的共识。因此，后危机时代金融素养法制衍生的重要向度在于市场维度下借助金融消费者保护制度的融合性扩张，在市场交易逻辑下经营者被赋予更多的制度衍生期待。

第三，以金融社会化为内涵的社会金融素养。近年来，金融素养制度的全球实践模糊了金融素养培育法制化命题的争议，普惠金融、小微金融等金融社会化趋势也为金融素养培育的法制化提供了注脚，而金融数字化转型的不断加速更是将金融素养培育上升至社会层面的公民核心素养培育层面。进言之，金融素养制度的自身培育对法制化提出了新的要求，金融素养不应仅仅停留于宣示倡导，而需要在金融社会化的大趋势下寻求法制"庇护"。近年来，从金融诈骗案件频发到 P2P 爆雷潮，金融市场创新发展下的"羊群效应"折射出金融市场主体素养提升之必要。而着眼未来金融数字化进程的提速，在区块链、数字货币等新型金融技术浪潮的冲击下，民众能否具有与之相匹配的素养、金融市场能否实现最大程度的普惠，在诸如此类命题的讨论中也涌现出相同的素养命题追问。因此，金融素养的新问题、新变化与高要求使得有必要从法制化维度出发寻求制度解决方案的常态化、体系化与约束化。

（二）金融素养培育的法律逻辑：新型权益主张

金融素养培育虽然没有以"金融素养权"的姿态呈现，但是起源与发展都在表达金融市场参与主体的新型权益主张。按照消费者权益保护法倾斜性保护的逻辑，传统商品交易与金融市场交易都存在"消费素养"给付的权益主张，而这往往被经济学冠以"信息不对称"标签而忽略其潜在的权益属性。[①]

"权利体现了人们交往行为中的利益结构关系"，金融交易的特殊利

---

① 谢晖：《论新型权利生成的习惯基础》，《法商研究》2015 年第 1 期。

益结构关系决定了金融素养势必成为消费素养中极个别的呈现。从金融素养培育的行为逻辑来看，金融素养秉承"素养→能力→行为"的衍生逻辑，注重主体能力的养成。消费者在金融决策中经常犯错的观点已经得到经济学文献的证实，一方面，金融市场"先天"的复杂性对主体素养提出了较高的要求，金融创新的快节奏以及传统金融市场的"信息先占优势"在扩大这种"素养差"；另一方面，金融市场的"高风险、高回报"本身具有极强的市场进入吸引力，而这种吸引力在互联网金融、金融科技等新兴工具的感召下得以释放，换言之，金融社会化进程加速的同时使得"素养缺失"群体极速扩张。与金融市场产品的层出不穷，金融产品提供方的纷繁多样相对应的，正是金融消费群体的"低质发展"与"盲目扩张"。

金融市场发展的新情况决定了金融素养培育是后危机时代更为彻底的金融消费者保护诉求。2008 年国际金融危机在全球范围内掀起金融消费者保护思潮，以《多德—弗兰克法案》为代表的金融消费者保护原则得到各国监管机构的认可。诚然，实践中"机构+行为"导向的金融消费者权利保护获得了一定的成效，但是居于权利始端的金融素养仍被认为是应对金融市场复杂利益结构的关键要点。行为经济学研究认为，消费者个体的错误决策失误是造成整个市场非理性的重要缘由，而"羊群效应"在金融市场的频发也会对系统性金融风险的生成产生推波助澜的效应。因此，防范金融风险不仅需要宏观审慎监管与微观机构监管，还要关注主体的决策能力。金融素养是系统性金融风险语境下，提升市场主体决策能力，增进市场福利的新型选择。值得注意的是，金融素养培育也在 2008年国际金融危机之后彻底完成了从"青少年金融观"向度向"社会金融福利"向度的转变。从校园走向社会，在更大的利益结构载体中培育金融素养被寄予多元化功能期待。

结合金融素养培育的行为逻辑与制度渊源，我们可以做出的法律判断是，金融市场的特殊性与创新性对金融市场主体行为能力提出了新的要求，而金融素养培育的关键在于赋能，其本质是权利保护。金融素养培育的重点在于金融市场交易一方——投资者的智识改变，而这一倾斜性保护逻辑与消费者权益保护法定的立法根基趋同。金融素养培育是否是一种新的权利主张仍需与既有消费者权利体系进行比对，而新兴权益主张的出现是毋庸置疑的。因此，金融素养培育的问题视野应当结合新兴权益主张，寻找切实可行的权利保护突破口。

三 金融素养培育 "受教育权中心" 的法权进路

在宏大的消费者权利体系之下，受教育权是金融素养培育最为契合的法律表达。以受教育权为中心的金融素养培育既存在理论层面的合理性与必然性，也在全球制度实践中得到了检验与应验。金融素养培育的法律制度本身是一个金融法与消费者权益保护法的跨学科问题，命题的破解不仅需要对金融市场交易本质的理解，更需要对消费者权益保护法原理的嵌入。而金融法与消费者权益保护法在金融素养命题上的交点是法权逻辑的互动，即如何通过金融市场权力影响主体权利结构。由此，以权利保护为中心构造金融素养培育体系成为重中之重。

（一）金融素养培育的制度核心：受教育权

近年来，互联网经济的发展为消费者权益保护提出了诸多新的命题。虽然金融危机之后金融消费者思潮此起彼伏，但是这一思潮仍停留于金融法抑或金融层面，仍未对现有消费者权利的表现形式产生 "新型供给"。一方面，金融市场消费者权利场域与权利背景的特殊性并未对既有权利体系产生足够的冲击；另一方面，我国较为庞大的消费者权利体系从内容上看已经足够应对金融市场的发展需求，所以关键仍然在于主体权利能否得到有效的实现与保障。金融素养培育与消费者受教育权的契合表现在形式与实质两个方面：从形式上来看，"知识与能力" 是二者都在追求的标的内容。受教育权又被称为获知权，这种权利的出现是基于商品交易双方智识上的不平等，因此弱势一方有权利了解相关产品消费的信息。如前所述，金融市场的复杂性与金融创新的快节奏拉大了金融消费者的 "智识差"，所以从形式上看通过知识获取，提升决策能力是二者的契合点之一。从实质上看，二者统一于预防性权利保护。受教育权与其他消费者权利的重要区别在于其明显的 "事前性" 与 "预防性"，进言之，这种预防性不局限于具体的交易之中，而是一种宏观的、泛泛的知识获取能力。相比较而言，金融素养培育同样是脱离具体金融素养，旨在通过决策能力提升，促进市场社会福利传导的 "前段性" 制度尝试。由此，形式与实质的契合为金融素养培育的以受教育权为中心奠定了基础。

确立以受教育权为中心的金融素养培育制度体系对二者而言均具有极强的制度互补性。一方面,受教育权为金融素养培育嵌入法律关系属性提供渠道。作为一种消费者权利,受教育权本身所处的"权利—义务—责任"框架可以为金融素养培育寻找制度发力点提供法理依据。另一方面,金融素养培育为目前受教育权实现的窘境提供制度试验的沃土。换言之,金融素养培育可以促使受教育权从宣示性权利走向实质性权利,在证成权利特殊性的同时,提供制度的试验平台。

以受教育权为中心并非在金融素养培育过程中孤立或者忽视其他权利。第一,确立受教育权中心视为彰显金融素养培育的新型权益主张,金融市场的深刻变化对受教育权中心具有决定性。第二,确立受教育权中心并不意味着抛弃现有以"知情权"为中心的权利构造。金融素养培育并非是推翻重来,而是在借助现有规制资源的基础上,寻求更贴近本质的制度保护方式。第三,确立受教育权中心也需要注重"预防性权利"与"事后救济"的关系。金融创新的高节奏与我国司法诉讼制度的不足使得金融的"事后救济"不仅难以弥补当事人的损害,而且对社会系统性风险的传导也会因规制介入的不及时而面临更深层的社会风险。因此,受教育权中心是指以"前段保护"为核心,但是并不放弃既有的"事后救济"措施。系统的"预防性保护"也会对"后段救济"的实施提供原理借鉴。因为预防性保护本身就会起到责任明晰的效果,预防性保护的失位为事后救济的追责提供了更多的法理依据。

(二) 金融素养培育的法律实践:受教育权视角下的工具构造

国际社会对金融素养培育重要性的认可不仅仅停留于理论与宣示层面,区域性与国家性制度实践的系统展开使得金融素养培育的制度趋势愈发清晰。从受教育权中心出发,我们可以对当下的金融素养培育法律实践进行主线梳理,明确各国实践,尤其是法律相关实践中的宝贵经验与工具应用。区别于"权利—义务"传统意义涵摄下制度延展的单向性,金融素养培育的法权进路需要体系化制度变革。针对我国金融素养培育的宣示性与形式化特征,未来金融素养培育仍应着眼于现有制度资源的统筹,以较为明确的制度需求开展常态化、体系性、针对性的制度完善,进而实现国民金融素养整体提升的制度运作目标。

第一，金融教育国家战略。金融教育国家战略是国际社会探索金融素养培育制度完善的重要场域，与此同时也是各国政府自上而下推进金融素养培育制度化、法治化的必备制度环节。金融教育国家战略包括群体检测、体系建构、项目实施、效果评估等多个维度，我国虽然于2013年向G20提交了金融教育国家战略，但是到目前为止仍未有公开的、明确实施的金融教育国家战略制度措施。近年来，金融教育国家战略成为历次"两会"的热点提案，人大代表从推进全面依法治国、发挥金融现代化作用的层面提议加速我国金融教育国家战略及配套措施的出台。从法治化角度来看，金融教育国家战略出台的制度意义在于：第一，明确金融教育在金融市场、社会经济与民众素养提升中的关键作用，消弭制度运行高成本、"道德义务法制化"引发的制度发展质疑。第二，确立金融教育实施的普遍体系与特殊路径，即将金融教育作为政府工作的重要组成部分，为制度运行提供必要的衍生空间。此外，金融教育国家战略还可以确定针对特殊群体的特殊措施，沿袭"弱势保护""实质正义"理念推进孵化具有中国特色的金融素养培育支撑制度。第三，金融教育国家战略有利于明确主体责任、制度目标与关联举措等制度可持续性的关键要素，在金融消费者保护、投资者教育、国民金融素养培育等重要问题视域下打通权力与权利的互动逻辑，并形成具有借鉴与发展意义的制度运作经验。第四，金融教育国家战略的有效实施可以充分调动社会资源，在社会共治话语体系下稀释金融素养培育的高成本，并期待取得金融素养培育的多元孵化环境。

第二，金融素养评测机制。虽然经济学理论证明金融素养缺失对金融市场福利具有减损效应，但是实践中金融市场交易主体的现状是破解金融素养培育命题的逻辑起点。据相关统计，荷兰、新加坡、西班牙等国早在2008年国际金融危机之前就曾在全国范围内进行了主体金融能力与家庭财务状况的调查；金融危机过后，伴随国家金融教育战略的广泛实施，美国、英国、俄罗斯、韩国、墨西哥等国均建立了常态化的金融素养评估机制。根据OECD的统计，截至2012年已经有36个国家建设国家金融素养战略，80%均运用调查手段为国家战略提供支撑。评估结论显示，无论在发达国家还是发展中国家，金融素养缺失始终是制约消费者决策能力提升的关键要素。

国际社会广泛的金融素养评估始于2012年OECD发起的PISA项目，旨在针对学生社会素养能力调查的金融嵌入。而更加具有针对性、专业性的调查是由标准普惠公司与世界银行合作的 S & P 全球金融素养调查，主要从风险多样化、通货膨胀、计算能力与复合利益等方面进行。国际社会的调查结论显示，金融素养存在较为明显的阶层划分，性别、年龄、教育背景等都决定着金融素养的程度，而系统的制度推进成为后续必然的措施。

我国于 2012 年开始参与 PISA 的学生金融素养调查，并取得了较好的调研结果，但是这项调研对于我国来说更像是一类学生活动，不具有实质性的参考价值。学者也试图对区域性的金融素养进行调查，结论表明各地都存在不同程度的金融素养问题。央行自 2012 年开始发布金融素养评估报告，报告对我国素养问题持乐观态度，但是遵循普遍与特殊原则的系统制度也成为必要的方向。

第三，交易体系的权利反哺。如前所述，在既有消费者权利体系内，受教育权处于相对弱势，同时也是制度配套较为缺失的权利。但是，受教育权作为知情权的特殊表现形式，在知情权的保护之中得到了间接的认可。毋庸置疑，后危机时代的金融消费者保护是以"信息"为中心，而这一信息主要表现为知情权中心。因此，在金融素养培育制度实践的初期，利用知情权反哺受教育权是一种常态化的做法，而这种做法的孕育土壤正在交易体系之内。值得注意的是，知情权反哺受教育权，并非受教育权与知情权的生拉硬拽，而是在知情权的保护之中融入的受教育权的韵味，此点在欧洲信贷法的变革中体现得尤为明显。"信息"一直是欧洲消费信贷法用来保护消费者的主要工具之一，相对我国的经济法属性，欧洲消费信贷更加注重金融纠纷的私法属性，在原生的"经营者—消费者"体系之内，注重信息监管责任的明确。并且，"现有案例表明，信息并不足以防止消费者做出坏的决策……关键问题在于信息能否被改造以变得更加有效，或者能否用其他监管模式进行补充"[1]。由此，信息的"可获知"与"可理解"成为信息监管责任的评价标准，这在某种程度上也是通过加重经营者责任，换取消费者的信息公平。

近年来，我国也在交易体系内探索寻求金融素养培育问题的解决方法，在常态化的投资者教育之外建立投资者适当性制度。投资者适当性虽

---

[1]　Vanessa Mak, Jurgen Braspenning, "Errare humanum est: Financial Literacy in European Consumer Credit Law", *Journal of Consumer Policy*, Vol. 35, No. 3, p. 315.

然名为"投资者"，但是其本质仍然是通过加重经营者的审核责任，间接对金融消费者进行智识筛选。此外，也希望适当性规则的完善，强化经营者的信息责任，引导消费者决策的理性与能力的提升。

本章小结

当前，我国金融素养培育的制度实践表现出鲜明的宣示性、运动性与体系性特色，但与社会舆论期待、现实问题解决之紧迫相比，我国金融素养培育仍需借助法治化进程实现制度衍生的常态化与可持续性。在法权逻辑下，金融素养培育不应仅仅停留于知识的单向传导，应立足于国民核心素养，在政府、市场与社会等多维度寻求制度协同。金融素养培育逐渐由战略推进步入法治细耕，明确金融素养培育的权利导向尤为重要。作为金融法与消费者权益保护法的交叉领域，金融素养培育应当借助消费者权利的保护体系，适度改良金融监管体系，以期实现从战略化向法制化的制度转变。受教育权中心的确立既有利于摆脱金融素养培育的发展困境，也有利于对预防性消费者权利保护产生试验效应，最终在金融法和消费者权益保护法的交叉领域取得双赢。

第六章

金融素养法律实现的制度展望

近年来，科技与金融的结合愈发紧密：传统银行借贷服务转向线上运行，第三方支付、P2P（Peer-to-Peer）平台与大型金融科技公司的兴起加速金融脱媒，人工智能与数字资产的应用更是加速了科技与金融的结合，金融市场的数字化转型进入关键期。中国信息通信研究院2021年10月发布的《中国金融科技生态白皮书》，从产业发展、市场格局、技术热点、行业监管等方面梳理国内外金融科技行业发展现状与趋势。目前，金融科技的发展应用已使金融市场现有运行效率大幅提高，并降低了金融消费者市场准入门槛，便捷金融交易与促进金融普惠。以绿色金融为例，"绿色信贷、绿色债券等传统绿色金融产品，在科技赋能下实现了快速的规模扩张和模式创新。截至2021年一季度末，我国绿色信贷余额达13万亿，同比增速高达25%"①。

党的十九届六中全会提出"我国经济迈上更高质量、更有效率、更加公平、更可持续、更为安全的发展之路。国家治理体系和治理能力现代化水平不断提高"，《中共中央　国务院关于新时代加快完善社会主义市场经济体制的意见》要求建设高标准市场体系，完善金融法律和监管规章制度，发挥金融标准的基础性制度作用。中国人民银行发布的《金融科技（FinTech）发展规划（2019—2021年）》指出"金融科技成为推动金融转型升级的新引擎、成为金融服务实体经济的新途径、成为促进普惠金融发展的新机遇、成为防范化解金融风险的新利器"。金融市场数字

---

① 中国信息通信研究院：《中国金融科技生态白皮书》，2021年10月，第55页。

化转型趋势不可逆转，且呈现高度融合与加速发展的趋势。

但是，数字化转型下的金融市场风险逐渐显现，较传统金融风险也更具隐蔽性与不可预见性。一方面，传统金融市场的信息不对称风险加剧。互联网金融运作依赖陌生人信赖，但这种信赖反而会加剧信息的不对称。[①] 科技外包与互联网金融机构内部分工更是加剧了信息不对称。[②] 另一方面，新型消费者保护问题层出不穷。最为明显的即是高新科技的运用增加技术风险，算法黑箱的生成导致金融消费者难以真正明晰财产的流向与安全，[③] 面对来自外界的技术攻击、数据篡改可能性增大。[④] 金融隐私权受损、个人数据权属不明等问题显现。[⑤] 同时，针对金融消费者新型权利的救济也并不完善，合同法、证券法的相关规定对于新型互联网金融的规制同时存在过于严苛与立法空白的规制矛盾。[⑥] 此外，银行业、证券业，保险业跨业经营，大型金融科技公司的产生发展加速金融行业资金融通，形成过高杠杆，关联交易风险大大增加，严重不利于金融消费者的权利保护与救济。[⑦] 为此，本章将结合域外经验与国内金融市场的本土特色，剖析数字金融市场的风险与挑战，在具体实践中完善监管理念、健全监管手段、深化金融教育，尝试针对数字化时代金融市场风险，完善数字化转型时代的金融消费者保护制度。

一　金融市场的数字化转型：源流与愿景

金融市场的数字化转型在新冠肺炎疫情影响下呈现不断加速趋势。探究数字化转型下金融消费者保护问题，需要对金融市场数字化转型发展的

---

① 杨东：《互联网金融的法律规制——基于信息工具的视角》，《中国社会科学》2015 年第 4 期。

② 曾威：《互联网金融科技信息披露制度的构建》，《法商研究》2019 年第 5 期。

③ 李文莉、杨玥捷：《智能投顾的法律风险及监管建议》，《法学》2017 年第 8 期。

④ 丁凤玲：《风险社会下智慧金融的私法责任》，《华侨大学学报》（哲学社会科学版）2020 年第 5 期。

⑤ 张继红：《论我国金融消费者信息权保护的立法完善——基于大数据时代金融信息流动的负面风险分析》，《法学论坛》2016 年第 6 期。

⑥ 杨东：《互联网金融的法律规制——基于信息工具的视角》，《中国社会科学》2015 年第 4 期。

⑦ 许多奇：《互联网金融风险的社会特性与监管创新》，《法学研究》2018 年第 5 期。

各个阶段进行逻辑梳理，厘清科技变迁发展对金融市场转型的影响，结合科学技术水平的发展现状与未来预期，顺应金融市场逻辑发展规律，构建数字金融市场安全、高效、普惠运行的理想愿景。

（一）金融市场数字化转型的现实源流

1. 初期：全民互联促银行线上运行

自 20 世纪 90 年代开始，人类社会进入数字化时代，计算机互联网技术高速发展，全民互联时代到来。随着数字技术的发展，国内银行业也呈现出新的局面，传统银行业借贷服务开始线上运行。电子商务出现助力银行业开辟网上支付等互联网金融服务，客户通过虚拟网络转移资金、网上支付等多种便捷化的要求得到满足。越来越多的人实现脱离线下银行柜台服务，仅通过线上互联网技术认证身份确认信用，进而开展借贷服务。[1] 数字技术也逐渐成为银行业各环节中不可或缺的重要部分，直接体现了银行业的核心竞争力。

在此阶段，互联网技术更大程度上仅是作为一种助力金融服务效率提升、便捷金融消费者参与金融活动的工具，并没有实质上降低或改变金融消费者进入金融市场开展借贷、投资服务的准入门槛。同时，网络银行运行交易本身始终依托"中心化"担保机构的担保责任，"'银行信用'、'核心企业信用'是其贸易金融体系运行的根本保障"[2]。此外，作为金融市场的参与者，金融消费者上传认证自己的部分个人信息到银行系统，为适用存贷款服务、投资理财服务、网上支付服务等金融服务提供信用保障，银行构建的个人征信体系开始逐渐形成。

2. 探索：科技赋能加速金融脱媒

随着智能手机的普及推广，依托其作为媒介的移动支付技术开始高速发展。以支付宝、微信支付为代表的第三方支付平台兴起，资金融通开始通过一些新的机构或新的手段绕开商业银行这个媒介，尝试去中心化以实现资金的外部循环，即金融脱媒。同时，互联网金融平台也应运而生并快

---

[1] 以招商银行为例，1997 年 4 月建立网站，推出网上个人银行，1998 年 4 月推出网上企业银行，开通网上支付功能，1999 年 6 月推出网上商城，实现网上支付全国联网。参见舒志军《中国网络银行的现状、问题及前景》，《中国金融电脑》2002 年第 9 期。

[2] 陆璐：《"FinTech"赋能：科技金融法律规制的范式转移》，《政法论丛》2020 年第 1 期。

速发展，由于传统银行具有体量大，运行成本高，容易产生金融排斥等特点，P2P 与股权众筹一度成为金融市场资金的重要流向。① 对此，监管机构也尝试对其进行回应型监管。（详见表 6-1）

表 6-1　　　　　　　　　　金融脱媒阶段法律规制与指导意见

年份	法律规范	主要内容及意义
2010	《非金融机构支付服务管理办法》	对非金融支付机构取得支付业务许可证、开展支付业务、接受监督管理进行具体规定，非金融支付机构取得法定地位
2012	《关于中国支付体系发展（2011—2015 年）的指导意见》	金融基础设施建设加快建成，金融支付工具创新应顺应潮流，鼓励非金融支付机构的发展，也加快促进相关金融法规健全完善
2015	《关于促进互联网金融健康发展的指导意见》	被称为互联网金融"基本法"，P2P 行业正式告别"无监管"时代
2019	《证券法》	全面推进证券发行注册制度，互联网股权公募逐渐被纳入合法的范畴②

在此阶段，无论是移动支付还是 P2P、股权众筹，都打破了传统银行业的中心化运行模式，一定程度上降低了金融市场的准入门槛。"它们都绕开传统商业银行，依托互联网金融平台，实现资金供需双方直接交易"③，以数字化形式进行信息处理与风险评估，大大降低了市场信息不对称的程度，提高金融市场运行效率，促进金融普惠。但同时，运用互联网技术的隐蔽性隐藏交易信息，实施欺诈、侵吞、挪用和洗钱等违法犯罪行为也是普遍存在的问题。金融消费者面临的金融投资风险更加多样，对于金融消费者权利的救济与保护也需要进一步加强、深化。

3. 深化：大数据推动人工智能决策

进入大数据时代以来，互联网大数据越来越成为金融行业发展决策的

---

①　严格的 P2P 平台是一种撮合借贷双方达成债权债务合同的线上服务，是民间借贷的一种形式，具有灵活、金额小、效率高的特点。股权众筹（Equity Crowdfunding）是个人企业家或企业团体借助互联网吸引个人资金实现企业创意的行为。参见杨东《互联网金融的法律规制——基于信息工具的视角》，《中国社会科学》2015 年第 4 期。

②　《证券法》第 9 条："公开发行证券，必须符合法律、行政法规规定的条件，并依法报经国务院证券监督管理机构或者国务院授权的部门注册。未经依法注册，任何单位和个人不得公开发行证券。证券发行注册制的具体范围、实施步骤，由国务院规定。"

③　谢平、邹传伟：《互联网金融模式研究》，《金融研究》2012 年第 12 期。

重要依据，"人工智能和机器学习正在迅速重塑和重构金融服务"①，金融科技领域不断翻新革命。"智能投顾技术则是这场金融革命过程中以互联网科技管理资金融通的典型代表"②③，事实上，自 2010 年起，智能投顾逐渐成为投顾行业的重要组成部分。④ "从理财魔方、弥财、蓝海财富等平台初步尝试推出智能化理财服务时起，我国智能投顾行业便进入了高速发展阶段。"⑤

在此阶段，智能化与便捷化是主要特征。对于人工智能的定位依然是提高金融市场运行效率、便捷投融资者参与市场活动的一种工具。依托人工智能，大数据分析可以应用于个人的私人化投资理财设计与实时高效的资金流向反馈，从而更好地实现金融资产安全的维护与金融市场效率的提高，方便金融消费者进行金融交易。当然，科学技术始终是把双刃剑，大数据杀熟与算法黑箱的技术黑洞也不可避免地使金融消费者陷入被动，金融消费者保护制度亟待进一步完善。

4. 未来：区块链应用规制虚拟货币投资

以比特币为代表的加密资产投资潮流不断深化，⑥ 金融市场进入一个科技更加先进但风险更难监管的时代。我国的数字货币政策实施走在世界

---

① Chris Brummer and Yesha Yadav, "Fintech and the Innovation Trilemma", *Georgetown Law Journal*, Vol. 107, No. 2, January 2019, p. 235.

② 杨东、武雨佳：《智能投顾中投资者适当性制度研究》，《国家检察官学院学报》2019 年第 2 期。

③ 美国证券交易委员会（United States Securities and Exchange Commission，SEC）对智能投顾的界定为通过基于网络算法的程序、利用创新技术为用户提供全权委托的账户管理服务的注册投资顾问。

④ 根据 Statista 统计报告，到 2017 年 2 月，美国的智能投顾平台管理资产规模达到了 800 亿美元。但中国智能投顾产业发展后来居上，Statista 预估中国智能投顾行业资产规模超过 800 亿美元，在全球智能投顾市场中规模仅次于美国、位居世界第二。See Statista, *Robo Advisor*, March 26, 2019, https：//www.statista.com/outlook/337/100/robo-advisors/worldwide.

⑤ 侯东德、张冉：《智能投顾信用风险的生成逻辑与治理策略》，《西北工业大学学报》（社会科学版）2019 年第 2 期。

⑥ 欧洲银行业管理局（EBA）称此种货币为"虚拟货币"，并将其定义为"价值的数字化表示，既非央行或公共当局发行，也不与法币挂钩，但由于被自然人或法人接受，可作为支付手段，也可以电子形式转移、存储或交易"。参见张正鑫、赵岳《央行探索法定数字货币的国际经验》，《中国金融》2016 年第 17 期。

前列，甚至试点推行数字法币，2020 年 8 月，商务部印发《全面深化服务贸易创新发展试点总体方案》提出：在京津冀、长三角、粤港澳大湾区及中西部具备条件的试点地区开展数字人民币试点，法定数字货币开始出现在生活中。同时，为应对数字货币虚拟性、不可追踪性的特征，区块链技术开始进入人们的视野。[①] 2019 年 1 月，国家互联网信息办公室发布《区块链信息服务管理规定》，"对区块链信息服务进行了初步界定，并对区块链信息服务提供者设置了一系列的监管规则"[②]。2019 年 10 月，习近平总书记强调，"把区块链作为核心技术自主创新的重要突破口""加快推动区块链技术和产业创新发展"[③]。区块链技术应用于金融市场，进入全面发展时代。

展望未来，数字人民币的发行助力人民币国际化之路，区块链则可作为监管工具规制数字货币应用弊端。数字人民币应用于金融市场交易，其虚拟性的特征有助于人民币的流通与国际化，也有利于收集货币发行流通信息，高效制定相应货币政策。但由于其具有的隐秘性和不可知性，金融消费者可以躲藏在加密资产的背后进行资金融通，有金融欺诈的可能，进而影响金融安全。因此，注意"区块链"技术应用展开金融监管十分重要：一方面，注意发挥其数据不可篡改、公开透明、可追溯的优势，增强人们洞察交易真实与否的可能性，减少金融欺诈；另一方面，利用其分布式、网络化的特征，适应新型"去中心化"的信用担保体系，缓解监管机构风控压力，保障普惠金融推行下的金融消费者合法权益。

（二）金融市场数字化转型的制度愿景

金融消费者保护研究首先要探讨制度目标。在数字化转型的金融市场中，构建良好的金融秩序应当消除科技应用的特殊风险给金融体系稳定带来的偏差，从而实现对金融消费者的规制保护。理想的数字金融市场应当以科技为依托，完善信息披露，实现信息的充分真实传递以保障金融安

---

①　狭义的区块链技术是一种按照时间顺序将数据区块以链条的方式组合成特定数据结构；广义的区块链技术更多的是指一种分布式计算范式。参见《工业和信息化部中国区块链技术和应用发展白皮书（2016）》，2016 年 10 月 18 日，第 5 页。

②　杨东：《"共票"：区块链治理新维度》，《东方法学》2019 年第 3 期。

③　习近平：《把区块链作为核心技术自主创新重要突破口　加快推动区块链技术和产业创新发展》，2019 年 10 月 26 日。

全。同时，发挥科技促进资金融通，便捷信息传递的优势，提高金融市场运行效率。此外，"随着金融的社会功能逐渐受到重视，以及对金融伦理的关注与日俱增"①，金融公平逐渐成为金融安全与金融效率之外的金融市场重要价值目标。

完善信息披露制度以保障金融安全。"安全将被视为一种实质性价值，亦即社会关系正义所必须设法促进的东西。"② 要坚持防范化解金融风险。金融业遵从的安全性、流动性、效益性三原则中，安全性永远排在第一位。金融安全是金融市场发展转型的基础性问题。而科技在金融市场的应用可以保障信息公开更加真实与透明。证券市场企业经营信息的网络公开披露为金融消费者的选择提供参考，智能投顾将资金的周转流程与风险可能直接传递给金融消费者，区块链技术的应用更是可以实现信息工具传递信用风险。金融科技的应用极大地发挥了信息工具的作用，将可能的金融风险传递给金融消费者，帮助金融消费者基于充分真实信息做出金融选择，保障金融交易安全。

发展金融科技以提高金融效率。"一个良好的社会——也必须是高效率的社会。"③ 效率是金融市场发展的灵魂，科技应用于金融大大提高了整个金融市场的运行效率。一方面，金融科技的创新发展可以直接吸引小微投融资者进入市场，也使得信息传递、共享的成本快速降低，优化资金融通、降低交易成本和市场准入门槛。另一方面，互联网金融平台可以依托其较高的盈利可能、便捷的资金融通手段，构建金融市场的"淡中心化"转型以促金融脱媒，影响市场内部资金融通效率，增加金融商品的创新能力。

打破金融壁垒以实现金融公平和普惠。2013 年 11 月通过的《中共中央关于全面深化改革若干重大问题的决定》中正式提出"发展普惠金融，鼓励金融创新，丰富金融市场层次和产品"。普惠金融成为金融市场发展追求的目标之一。但事实上，"随着中国金融发展日益呈现出不均衡的态

---

① 冯果：《金融法的"三足定理"及中国金融法制的变革》，《法学》2011 年第 9 期。

② ［美］E. 博登海默：《法理学：法哲学及其方法》，邓正来、姬敬武译，华夏出版社 1987年版，第 207 页。

③ 张文显：《法哲学范畴研究》，中国政法大学出版社 2001 年版，第 213—223 页。

势，广大中低收入者越来越被排斥在正规金融体系之外"①。为此，发展金融科技成为促进金融包容与金融普惠的重要手段。层出不穷的 P2P、股权众筹平台为缺少担保与资质的小微企业融资创业提供了资金支持。以蚂蚁花呗、借呗为代表的消费贷也以信用为依托，增加金融消费者的可支配财产，实现消费升级。以余额宝为代表的理财产品依托其随存随取、收益可观的特点更是掀起全民参与互联网金融浪潮，成为普惠金融最典型的代表。数字金融市场的转型大幅降低了金融市场准入门槛，并助力打破金融壁垒，避免金融市场原始的金融排斥，促进金融公平与普惠的实现。

二　数字化转型下的金融消费者保护：风险与挑战

金融市场数字化转型不断加速，但距离理想金融市场形成还有较大差距。数字化背景下金融消费者保护面临许多新型风险与挑战：其一，科技赋能实体经济发展背离普惠目标，跨业经营背景下蕴含系统性金融风险，实体企业金融化转型存在泡沫危机；其二，高新技术应用带来技术鸿沟，非互联网使用者被排除在外，金融欺诈与过量信息冲击加大不对称程度；其三，大数据人工智能适用存在侵犯金融消费者权利的可能，滥用个人金融数据、算法黑箱、互联网攻击等问题屡见不鲜。

（一）普惠悖论：企业金融化的目标背离

理想的企业金融化转型应当是企业与金融消费者的互利共赢。② 企业以其资产或信用为依托，通过与银行等金融机构的合作更加便捷地获取资金展开金融投资，而金融消费者基于对企业与银行的信任进行投资并获得

---

① 康玉梅：《政府在 P2P 网络借贷中的角色定位与制度回应》，《东方法学》2015 年第 2 期。

② 企业金融化可以从行为和结果两个方面进行认识和界定：第一，从行为角度看，企业金融化是企业采取的一种偏重资本运作的资源配置方式，表现为企业资产更多地运用于投资而非传统的生产经营活动；第二，从结果的角度看，企业金融化就是企业利润更多地来源于非生产经营业务的投资和资本运作，追求单纯的资本增值而非经营利润。参见蔡明荣、任世驰《企业金融化：一项研究综述》，《财经科学》2014 年第 7 期。

相应的利润与分红，盘活自身资产。但在实际操作中，处于优势地位的企业往往隐藏交易信息，加大资本的流转率以获得更高的利润，或仅仅依托信用而缺少实际资产的支撑进行金融交易。金融消费者获得的利润与其所承受的高杠杆、高风险相比并不匹配，企业金融化促进普惠金融这一说法显然构成骗局。

一方面，金融服务混业经营蕴含系统风险。金融科技发展带来"泛金融化"，大型金融科技公司串联银行业、证券业、保险业跨业资金流通，"利用传统金融系统中低效的缺点，来显示其能为企业和个人提供更方便、更低成本和新颖的服务"①。但"不同业务间的相互关联渗透，使金融风险传染性更强、传播速度更快、隐蔽性更高"②。蚂蚁科技集团股份有限公司（以下简称"蚂蚁集团"）吸纳资金的过程就是利用其自身的信用价值，从各金融机构获得贷款，积累资本构成花呗、借呗资金来源。③ 其背后的高杠杆与系统性风险也逐渐显现。根据蚂蚁集团披露的数据，蚂蚁共计 2.1 万亿信贷规模，其中 98% 的资金获取来源于与银行进行合作，采取 ABS 融资模式（Asset Backed Securitization，ABS）进行资金整合。④ 一旦蚂蚁集团经济受创或信用受损，整个借贷链条上的金融机构与金融消费者都会受到影响，在超高杠杆率与较高的贷款利率的驱使之下，蚂蚁集团的普惠悖论逐渐显现。2020 年 11 月，以马云为首的蚂蚁集团核心领导团体被中国人民银行等四个部门约谈，蚂蚁集团延缓上市。同月，中国银行保险监督管理委员会发布《网络小额贷款业务管理暂行办法（征求意见稿）》，对小额借贷平台市场准入、跨行政区经营及融资杠杆率加以限制。但究其标准制定的合理性以及对金融市场的影响，仍需持续性的观察与讨论。

---

① John L. Douglas, "New Wine into Old Bottles: Fintech Meets the Bank Regulatory World", *North Carolina Banking Institute*, Vol. 22, No. 20, 2016, p. 17.

② 范一飞：《谱写新时代金融信息化发展新篇章》，《中国金融》2020 年第 Z1 期。

③ 在第三届中国金融四十人伊春论坛上，中国国际经济理事长黄奇帆曾提到过蚂蚁金服的融资手段：通过 30 亿原始本金到银行抵押贷款 60 亿，从而账面资金 90 亿，然后用 90 亿进行 ABS，再把 90 亿贷款出去获 90 亿债券，再去贷款 90 亿，再放第二轮，以此类推。

④ ABS 融资模式是以项目所属的资产为支撑的证券化融资方式，即以项目所拥有的资产为基础，以项目资产可以带来的预期收益为保证，通过在资本市场发行债券来募集资金的一种项目融资方式。

　　另一方面，企业金融化过程隐藏泡沫危机。除却金控公司逐步开展资产证券化之外，便捷的融资需求与较高的金融收益也吸引着部分实体企业展开金融化转型。在具体的金融化过程中，大部分企业倾向于获得长期的资金支持，选择资金入股金融机构，参与金融机构的投融资决策，更方便地获得贷款或发行企业债券吸收资金，并且获得相应的投资收入，促进实体企业发展。① 但并非所有的实体企业均将获得的资金投入实体生产，还会出现投融资收益高于生产收益乃至弥补生产亏损的情形。表面的资金融通缺乏实体企业支撑，金融泡沫随之形成。一旦某些规模大影响力广的大型实体企业资金链断裂，整个金融市场都会出现震荡，参与其中的金融消费者金融交易安全完全难以保障。

（二）数字鸿沟：金融市场排斥的加剧

　　"金融交易是信用交易，其核心是金钱的时间价值。"② "金融市场是与风险相互依存的，因而，信用风险是金融市场的首要问题。"③ 金融风险附着在金融资产之上并在金融市场投融资者之间辗转。在交易过程中，信用风险主要表现为交易主体因信息不对称而产生的道德风险和逆向选择。数字化转型的金融市场中，传递信用风险的信息工具也逐渐走向智能化与数字化。"面对高度自动化、智能化的金融科技产品，当前金融消费者的综合素养尚不足以实现自我保护"④，横亘在金融消费者了解掌握金融产品信用风险并作出选择判断之间的数字鸿沟不断扩张。

　　首先，部分金融消费者被自然排斥在数字金融市场之外。尽管互联

---

　　① 以雅戈尔企业金融化过程为例，在 2013—2018 年，雅戈尔通过持股宁波银行、中信股份、浙商财产保险股份有限公司与金融机构组成战略伙伴关系，并且利用其股东地位展开关联交易，特别是获得贷款与支持主业发展。在雅戈尔企业金融化的过程中，自 2013 年起投资收益快速上升，2017 年甚至达到了 266%，一旦剔除投资收益，企业利润将大幅减少。参见穆林娟、佟欣《实体企业金融化及其经济后果研究——以雅戈尔集团股份有限公司为例》，《财务管理研究》2020 年第 1 期。

　　② I. Fisher, *The Theory of Interest as Determined by Impatience to Spend Income and Opportunity to Invest It*, New York: A. M. Kelley Press, 1970, p. 13.

　　③ 杨东：《互联网金融的法律规制——基于信息工具的视角》，《中国社会科学》2015 年第 4 期。

　　④ 唐峰：《金融科技应用中金融消费者保护的现实挑战与制度回应》，《西南金融》2020 年第 11 期。

网普及率已大大提高，但仍有少部分群体由于地区或年龄的原因被互联网技术割离。"金融普惠计划鼓励银行和其他金融机构将传统金融服务安置在以前服务不足的地区，以便服务不足的地区更便捷地获得这些服务。"① 数字普惠金融的服务群体很大一部分是非网民群体，盘活其不流动资金，增加可预期收入。但金融市场的完全数字化转型很有可能使他们被更加边缘化，信用风险传达存在阻隔，进一步加大金融市场排斥。

其次，数字技术应用增加了金融欺诈的可能。依法公开的企业经营信息可能作假，互联网金融机构很可能会利用其技术复杂性进行资本操纵以掩盖损失，并增加金融交易的不透明性，普通金融消费者不具有专业知识难以辨别。以 P2P 平台为例，2015 年开始陷入频繁爆雷危机，直到 2020 年，仍陆续有微贷网、爱钱进等小额借贷龙头平台走向终结，企业与平台运营的信用风险难以传递给金融消费者，大批金融消费者深陷其中蒙受欺诈，金融安全保障受到挑战。

最后，信息过量也会带来金融消费者判断失衡。全民互联时代，金融消费者随时随地可以通过网络平台获取海量金融交易信息，但非专业的金融消费者在有效信息摘取方面存在困难。大部分非专业金融消费者金融知识匮乏，面对过量的金融信息，并不能够快速高效地整理出最有效的信息，反而会受之误导，作出的决策产生偏差，最终造成资产贬值权益受损，不利于金融市场的繁荣与稳定。

（三）数据黑洞：新型金融消费者保护问题

金融市场数字化转型集中体现为大数据技术的应用。金融消费者的个人资产、风险偏好状况被广泛收集并数字化认证，形成金融市场中的个性化投融资者形象。尽管明确的数据可以帮助规避潜在风险、更快速地作出投资选择，但也不可避免地产生数据安全风险。"数据风险与信息安全风险相互交织，增加了信息技术风险等操作风险。"② 而一旦掌握信息数据的金融投资机构利用金融消费者的个人数据做出不正当行为，金融消费者可以寻求的救济手段尚比较匮乏。

---

① Susan Block-Lieb, "Cities as a Source of Consumers´ Financial Empowerment", *Emory Bankruptcy Developments Journal*, Vol. 34, No. 2, 2018, p. 387.

② 孙国峰：《从 FinTech 到 RegTech》，《清华金融评论》2017 年第 5 期。

　　首先，个人金融数据存在滥用危机。"研究数据显示，在许多情况下，消费者感到他们的社会安全号码、银行账户信息和其他身份信息被错误处理，或可能被用于超出承保范围的方式"①。2021 年 11 月 1 日，《个人信息保护法》正式实施，对个人信息与个人信息处理的范围进行规定。② 金融消费者的个人金融数据被纳入之中进行规制保护，金融消费者数据权属正式确立。但在互联网金融交易中，数据侵权行为隐蔽而难以取证。金融数据处理者往往可以利用其优势地位以格式条款的形式取得对金融消费者数据处理的权利，从而实现对其金融数据的二次利用、交叉利用等，金融消费者个人数据存在滥用危机。

　　其次，大数据背景下算法黑箱生成。金融市场的数字化转型需要广泛收集金融消费者个人财产、理财分布、风险偏好等信息，方便大数据统计的应用与信用征信体系的建立。而算法并不意味着绝对科学。算法在输入数据与输出结果之间有一个"黑箱"时间，无法查看计算机内部的工作情况，有悖金融公平的算法歧视现象显现。以智能投顾为例，在全面获取金融消费者的个人资产、风险偏好等相关信息后，它会通过设计好的精密运算程序对资产排列组合，生成投资方案。但运算程序的合理性及其是否进行运算的真实性无法确认。并且存在"人为操纵人工智能，聚拢资金干扰市场，辅之以大数据杀熟等手段，在实际操作中形成'一致行动人'的现象"③。对此，一般的金融消费者甚至具备专业知识的金融消费者都很难透彻理解最终的理财方案进而判断是否存在算法歧视。

　　最后，针对金融数据的互联网攻击问题不容小觑。"据美国报纸的报道，在美国安全第一网络银行（SFNB）挫败 1.5 万起企图破坏其金融系统的网络攻击，以至于 SFNB 担心如果还继续大量发生这类欺诈行为的话，将会有损于社会公众对网络金融的信心。"④ 随着金融市场数字化转型的逐渐深化，金融网络攻击也有愈演愈烈趋势。在实践中，也有许多互

---

　　① Christopher K. , Odinet, "Consumer Bitcredit and Fintech Lending", *Alabama Law Review*, Vol. 69, No. 4, 2018, p. 781.

　　② 《个人信息保护法》第 4 条："个人信息是以电子或者其他方式记录的与已识别或者可识别的自然人有关的各种信息，不包括匿名化处理后的信息。个人信息的处理包括个人信息的收集、存储、使用、加工、传输、提供、公开、删除等。"

　　③ 李文莉、杨玥捷：《智能投顾的法律风险及监管建议》，《法学》2017 年第 8 期。

　　④ 李爱君：《互联网金融的本质与监管》，《中国政法大学学报》2016 年第 2 期。

联网金融平台为方便金融消费者投资咨询，直接对接外部网络，对金融消费者的金融隐私权保护造成巨大的技术冲击。此外，大部分金融机构还选择将其数字化运营事项外包给互联网技术公司，由互联网技术公司负责金融数据系统安全保障问题，多方参与整个金融交易。而一旦交易出现问题，来自外部的网络攻击成功，金融消费者在寻求救济时涉及主体复杂多样，具体的责任划分存在困难，责任主体相互推诿，整体金融安全的实现受到威胁。

三　我国金融消费者保护具体法律规制范式：调整与转型

顺应金融市场数字化转型发展趋势，监管机构应当结合经合组织报告，厘清数字金融市场发展规律与理想愿景，透彻金融市场数字化转型过程中金融消费者保护所面临的风险与挑战。明确数字金融时代金融监管理念，构建完备健全的监管体系，通过信息披露制度与发展金融教育打破金融壁垒，对数字金融时代金融消费者保护面临的风险挑战进行理念与制度回应。

（一）厘清监管理念：数字金融时代消费者保护检讨

金融监管理念的明确是开展具体监管活动的前提。坚持技术中立原则顺应科技变革并辅之以恰当的监管手段严控风险是保障金融市场稳定的最优选择。划分金融消费者类型展开倾斜保护与买者自慎规则的适用更有助于激发市场活力，提高金融效率。

1. 效率与秩序：金融创新与消费者福利的检讨

数字化时代金融科技应用带来金融创新，纷繁复杂的金融创新不仅激发市场活力，也蕴含新型风险。在金融创新层面：其一，互联网技术在金融领域的全面发展可以便捷金融消费者进行金融投资理财。以云技术、大数据、人工智能为代表的一系列新型科技适用逐渐成形，加密货币试行初见成效，新冠肺炎疫情带来的金融市场不确定性和短期通货膨胀都要求金融科技的全面应用以提高金融运行效率。其二，金融市场的科技创新可以降低金融市场准入门槛，使得更多人参与金融消费。便捷化、智能化的金融科技应用于金融市场，有别于传统银行业高担保低流动性的特点了，科技化的金融市场资本流动性强、准入门槛低，极大地盘活了资金，提高了资金流转率，促进金融公平与金融普惠的形成。而在蕴含的新型风险层面：其一，金融市场数字化转型，可预见的金融市场内部跨业合作走向大型化与多元化，系统性风险显现。各类金控公司不断发展高利率低风险的理财模型，以互联网络为媒介吸纳传统金融机构客户资金，开展依赖信用价值的去担保模式借贷服务。但这种主要依托信用价值展开的借贷服务缺乏实际资产支撑，存在超高杠杆率风险和泡沫危机可能。其二，科技革命日新月异，技术发展应用背后的隐蔽风险不可预见。科学技术本身即具有较强的不可知性，尤其是其在金融领域的应用，使得传统金融市场中的金融风险与数据科技风险交织，增加整个金融市场的不可控。

对此，经济合作与发展组织（Organization for Economic Co-operation and Development，OECD）提供的数字化下金融消费者保护报告中作出了一些原则检讨。该报告指出"法律和监管框架应基于技术中立原则，确保它能够适应变革和创新，同时保持适当水平的金融消费者保护"。这一原则在我国数字化转型背景下金融消费者保护的制度框架构建中也可以选择适用。尤其是在科技金融应用已成必然趋势，而在损失与劣势尚未显现的背景下，监管机构可以选择保持"技术中立"的态度，效仿德国联邦金融监管局"同样的业务、同样的风险、同样的规则"的原则，不遏制新型金融创新的自由发展也不给予其优惠待遇。同时，监管机构也应当定时进行安全评估，及时进行回应性监管，始终把金融安全作为金融市场监管的首要目标。

2. 倾斜保护与买者自慎：政府与消费者关系的检讨

金融消费者领域倾斜保护原则的适用是基于其处于弱势地位的信息不对称。对金融消费者的倾斜保护起源于 20 世纪六七十年代，战争与泡沫经济带来的经济大萧条和通货膨胀使得金融监管对市场的规制逐渐失灵，金融脱媒与金融创新的冲击使得金融监管机构对于金融消费者开始倾斜保护。对于金融消费者而言，其长期处于劣势地位的最大问题在于信息不对称和由于时空差异带来的信息不完全。为了解决信息不对称的问题，完善信息披露制度保障金融消费者的知情权成为监管机构实施倾斜保护的必然选择。

而在数字化金融市场下，倾斜保护的法律父爱主义的弊端也逐渐显现。完全的父爱主义产物也意味着"其以结果导向下的事前干预为核心，通过禁止或限制投资者的决定自由保护其免受非理性行为的伤害"①。本质上是监管法对投资者私法关系的介入，这一介入将极大地限制金融消费者在金融市场中的自有判断，"先入为主地直接确定倾斜保护的一方将可能更加背离均衡而不是引致均衡"②，减少整个金融市场的活力，不利于金融普惠实现与金融效率提升。

因此，在理性经济人假设下的"买者自慎"③原则被提出，只有明显由于卖方原因带来的交易不公问题，才可以适用对金融消费者的倾斜保护。所以，适当的金融消费者分类，并依此展开数字金融市场的倾斜保护在某种意义上更是对金融公平价值的体现，而依托金融消费者分类展开信息披露与金融机构注意义务监管也更为科学合理。

（二）健全监管体系：增加监管专业性

增强监管机构的专业性已在世界范围内达成共识。专业监管机构的构建与赋权是进一步开展监管活动与进行国际合作规制金融风险的基础，保障监管机构的与时俱进和提高金融监管的科技化水平是推动金融监管专业化的重要支撑，深化功能性监管是应对金融机构混业经营态势的最佳选择。

1. 明确金融监管机构职权

明确监管主体与监管职权是规制互联网金融风险的监管前提。美国金融消费者保护规制方面立法先行，通过多项法律明确了监管主体和职责，形成分别保护放款人和借款人的双重多头监管模式。④我国目前的监管主

---

① Vanessa Mak，"The Myth of the Empowered Consumer: Lessons from Financial Literacy Studies"，*Journal of European Consumer and Market Law*，Vol. 1，2012，p. 254.

② 林越坚：《金融消费者：制度本源与法律取向》，《政法论坛》2015 年第 1 期。

③ "买者自慎"即作为买方，在交易前或交易过程中应当根据获得的交易信息和自身的经济知识作出自主的判断，因为自身判断原因导致的利益受损，应当由自己承担责任。参见董彪《消费者权益保护视角下的互联网保险营商自由》，《国家检察官学院学报》2017 年第 2 期。

④ 双重多头监管模式即联邦、州政府共同参与、证券交易委员会（SEC）重点保护放款人，联邦存款保险公司（FDIC）、美国联邦贸易委员会（FTC）、消费者金融保护局（CFPB）等金融监管机构重点保护借款人；美国国会通过 JOBS 法案美国证券交易委员会（SEC）颁布针对众筹的试行规则和意见。参见李爱君《互联网金融的本质与监管》，《中国政法大学学报》2016 年第 2 期。

体划分较为明确：中央一级由银监会监管 P2P，证监会监管众筹，央行监管第三方支付，总原则由央行制定；地方一级由省、地市金融管理部门进行监管。但现有的监管模式还是有机构性监管的特点，难以应对数字化转型下金融市场内部资金流转、杠杆加倍、混业合作的现状，针对层出不穷的新型金融产品存在监管界限模糊、职权交叉、监管混乱的问题。为此，应当充分发挥人民银行内部机构金融消费权益保护局的职能和作用，授予其合理规制互联网金融机构的权力，明确其职责范围，实现跨行业跨地区的金融消费者保护。

2. 数字化时代以科技驱动监管

金融市场数字化转型的时代，针对金融市场参与者的行为监管应当更多地引入监管科技的应用，以科技驱动监管。[①] 一方面，大数据风控具有高效便捷的特点。运用大数据风控可以实时或者准实时地持续监管金融机构的活动，变落后、冗杂、滞后的监管为主动、实时、前瞻性的监管。英国金融行为监管局（Financial Conduct Authority，FCA）就正在通过建立卓越分析中心探索监管机构如何通过内部应用包括人工智能和机器学习在内的创新技术，加强监管机构的专业化能力。合理的大数据收集与科技应用可以助力征信体系构建，为数字金融时代规范信息披露与信用风险提供制度保障，极大地推动金融监管的智能化。

另一方面，还可以引入"监管沙箱"适用于我国的金融市场。[②] 2016年 5 月，英国金融行为监管局针对智能投顾、区块链等金融科技创新发布了关于"监管沙箱"的报告。"监管沙箱"类似我国的试点机制，它的适用与推行可以很好地平衡金融科技发展与风险控制的矛盾。以我国数字人民币的推进试用为例，在有条件地区试点发行，监管机构进行货币发行量与通胀率的实时监控，可以较为直观地看到数字人民币流通的可行性，认

---

① 我国中央银行金融研究所所长孙国峰提出，监管科技可以定义为"科技和监管的有机结合"，也就是将科技运用于监管，帮助金融机构满足监管合规要求。参见孙国峰《RegTech 是科技与监管的有机结合》，2018 年 1 月 1 日，http：//bank. jrj. com. cn/2017/06/19120222625847. shtml。

② "监管沙箱"专为扩大金融项目创新而设，即企业可以在"一个安全的空间"内测试其创新的产品、服务、商业模式和交付机制，并且不会因该创新立即招致不利的监管后果。也就是说以实验性的方法，提供一个缩小版的真实市场和宽松版的监管环境，在保障金融消费者权益的前提下，允许金融科技初创企业对创新的产品、服务、商业模式和交付机制进行大胆试验。参见李文莉、杨玥捷《智能投顾的法律风险及监管建议》，《法学》2017 年第 8 期。

识其可能蕴藏的金融风险，并寻求相应的规制手段，从而判定是否大规模地持续推进数字人民币的应用，在推进金融科技应用的同时，尽可能地做到风险可控。

3. 跨业合作背景下深化功能性监管

以金融消费者保护为核心的金融法律制度构建，需要对金融领域各部门法内容进行整合叠加。与传统纵向分割式的法律规制不同，跨业经营背景下，横向统合规制成为转型目标。这与功能性监管统合性的规制方式不谋而合，① 不问金融机构的种类，对同一功能进行同一规制。"过去的监管机构专注于防范与'太大而不能倒闭'机构相关的风险，却忽视了与分散的小型金融市场相关的概念性独特风险"②，"太关联而不能倒"问题显现。在金融市场的跨业合作背景下，宏观层面审慎监管加强对系统性风险的防范，③ 微观层面针对金融机构的行为监管应当与功能性监管相结合，错开机构性监管的纵向监管特征。"韩国与日本的金融消费者保护法分别从金融产品和金融消费者分类的角度对金融市场展开功能性监管。"④ 金融产品可以依风险高低与收益率大小进行划分，金融消费者则可以依据支配资金的数量进行划分，再在划分之后的标准下开展金融监管，以实现金融法的核心目标——消费者保护和金融市场功能的确保。

(三) 打破金融壁垒：信息披露与金融教育

打破数字金融市场壁垒推进金融普惠与公平，一方面需要增加信息披露缩小信息鸿沟，另一方面需要加强金融教育，改善金融消费者的弱势地位。

---

① 功能性规制是指对同一功能要素适用相同的法律规制，而不问金融机构的种类，即对同一功能实行同一规制。参见董新义《以功能性规制为基础构建金融消费者保护法》，《国家检察官学院学报》2016 年第 6 期。

② William Magnuson，"Regulating Fintech"，*Vanderbilt Law Review*，Vol. 71，No. 4，May 2018，p. 1167.

③ 所谓宏观审慎监管，是相对于微观审慎监管而言，指的是金融监管当局为减少金融危机或经济波动给金融体系带来的损失，从金融市场整体而非单一机构角度实施的各种制度安排。参见杨东《监管科技：金融科技的监管挑战与维度建构》，《中国社会科学》2018 年第 5 期。

④ 董新义：《一部金融消费者保护强化法案：评韩国〈金融消费者保护法〉》，《河北法学》2020 年第 8 期。

1. 金融消费者分类以实现信息披露

"信息不对称是金融监管的固有困局"①，数字技术应用更是加重了金融市场排斥。依托互联网为媒介展开的金融交易可以通过数据篡改、隐匿信息等手段传递无效信息，也可以无差别释放海量经营讯息。金融消费者作为受众，很可能无法辨认乃至陷入信息传递陷阱，被动承受数字化金融市场不可预期的金融风险，受到金融欺诈或影响自身判断，导致自身资产受损。为此，"应当引入金融服务者的说明义务、一定的适合性原则"②③。"强化金融销售者的说明义务"④，要求金融服务者履行注意义务，保持充分的高度精准的格式化披露与持续性的信息披露，增加金融消费者与金融机构之间信息的对称性。但同时，数字化时代金融消费者异质性愈加明显，金融消费者分类规制更有助于健全信息披露机制与实现金融公平。2017 年 1 月施行的《证券期货投资者适当性管理办法》对投资者进行分类，⑤ 规定普通投资者在信息披露、风险预警等方面享有特别保护，并允许普通投资者与专业投资者之间的流动转化，以达到合理展开信息披露的目的。该规定标准明确合理，可以考虑该标准在金融市场交易中全面推行，并依据划分标准实施对普通金融消费者的倾斜保护。

2. 发展金融教育以适应数字化新形势

加强金融教育是国内外地区、组织在金融消费者保护方面达成的共识，尤其是在数字金融时代，数字化背景下金融教育普及势在必行。国外的许多国家以及我国港澳地区早已将金融教育提上日程，开展全民金融教育扫盲，助力全民提高国民金融素质。中国人民银行研究制定了《中国金融教育国家战略》，就投资者金融教育和金融消费者金融教育开展了大量的工作。身处互联网金融信息冗余时代，信息模糊已成为主要矛盾之一，提升金融消费者的金融素养成为对金融消费者倾斜保护的一个重要举措，

---

① 杨东：《监管科技：金融科技的监管挑战与维度建构》，《中国社会科学》2018 年第 5 期。

② 金融服务对金融消费者的说明义务，主要是指对包括金融商品本身的性质、结构与风险等在内的，可能会导致金融消费者损失的事项进行充分说明，如金融商品的利息、价格、行情变动、风险高低以及是否会产生本金损失等。参见杨东《论金融消费者概念界定》，《法学家》2014 年第 5 期。

③ 杨东：《论金融消费者概念界定》，《法学家》2014 年第 5 期。

④ 何颖：《构建面向消费者的金融机构说明义务规则》，《法学》2011 年第 7 期。

⑤ 《证券期货投资者适当性管理办法》第 7 条，第 8 条。

也是助力金融公平、金融普惠和金融安全的必要选择。

　　"金融素养教育被视作金融消费者赋能,即减少金融消费者参与金融市场的障碍、提高其获取相关信息能力的手段和方式。"[①] 在具体开展金融消费者金融教育方面,首先,要立法规定开展数字金融教育活动的主体,以强制性法律规定为金融素质教育推进提供制度保障。参照加拿大金融消费者局统筹管理加拿大的金融教育事务经验,我国金融消费权益保护局可以作为实施主体,统筹开展金融教育事业。其次,要明确金融素养教育的内容,尤其是在数字金融时代,需要兼顾数字技术与金融知识的教育,确保金融素养教育的规范性、客观性和全面性。教育的开展以明确标准化的教学内容为基础,统一的教学标准可以防范金融教育水平参差不齐的问题。再次,应该区分金融素养教育对象的需求差异,对金融消费者依据年龄、职业等标准展开分类教学,所谓因材施教,提高教学效率。最后,应当建立金融素养教育评估制度,以科技性手段加强监测,确保金融素养教育取得实效,进而增强数字金融时代金融消费者抵御金融风险的能力。

本章小结

　　金融市场数字化转型走向纵深阶段,虚拟、智能、便捷、高收益已成为数字金融市场的关键词,吸引着越来越多的金融消费者参与其中。回顾数字金融市场转型的发展沿革,从早期传统银行线上化运行到金融赋能"去中心化"金融脱媒,再到人工智能大数据应用于理财投资与智能投顾的产生应用,以及以数字货币、区块链等为代表的高新科技的尝试性适用,科技与金融联系愈加紧密,呈现一个加速发展与风险难测的趋势。在数字化转型的背景下,金融消费者面临许多新型挑战:首先,大型金融科技公司的出现构成金融行业的混业经营现状,超高杠杆率的风险操作为金融消费者带来不对等的隐蔽危机,实体企业金融化转型也蕴藏泡沫危机;其次,科技的应用带来技术鸿沟加大金融排斥,非互联网使用者被自然排

---

　　① Toni Williams, "Empowerment of Whom and for What? Financial Literacy Education and the New Regulation of Consumer Financial Services", *Law and Policy*, Vol. 29, No. 2, April 2007, p. 226.

除在外，金融欺诈、信息过量等问题加剧了传统信息不对称问题；最后，金融消费者权利保护也存在个人信息滥用、大数据算法黑箱、互联网络攻击等新型数字化时代风险。

对此，监管机构可以借鉴域外经验，厘清金融消费者保护监管理念，坚持技术中立原则应对金融科技发展现状，推进金融消费者分类展开金融消费者保护。明确监管机构及其职责，推进科技监管、功能性监管，形成体系化立体化监管模式。在具体规制措施上，从信息披露与金融教育两方面打破金融壁垒、缩小信息鸿沟，促进金融消费者金融素质的提高，减少数字金融市场信息不对称程度，回应数字金融背景下金融消费者保护面临的新型风险，适应金融市场数字化转型新形势。

附件一

关于金融教育与认知的原则及良好做法的建议①

一　原则

1. 金融教育可以被定义为这样一个过程："金融消费者和投资者改善他们对金融产品、金融概念及风险的理解，并通过信息、指引和/或客观的建议的获得，进而发展出相应技能与信心，从而能更好地意识到金融中的风险与机遇，做出明智的选择，知晓何处寻求救济，并采取其他有效措施改善他们的财务状况。"因此，金融教育远已超出了提供金融信息及咨询意见的范畴，出于保护金融客户（合同关系中的消费者）的这一特殊目的，应当对其加以规制，这种做法已十分常见。

2. 这种以适当的金融信息指引作为基础的经济能力培育应当得到促进。应以公平和无偏见的方式提供金融教育。应有效地协调与发展各项方案。

3. 金融教育方案应侧重于高度优先的问题，这些问题视各国实际情况而定，可能包括财务生活规划的重要方面，例如基本储蓄，个人债务管理或保险，以及具备金融意识的先决条件，例如基本的金融数学和经济学。应当鼓励未来的退休人员认识到评估其目前的公共或私人养老金计划

---

① OECD, *Recommendation on Principles and Good Practices for Financial Education and Awareness*, July, 2005, http：//www. oecd. org/daf/fin/financial-education/35108560. pdf.

的金融适当性的必要，并在必要时采取适当行动。

4. 金融教育应当被放置于监管与行政框架之下进行考虑，并将其视为促进经济增长、信心和稳定的工具，以及对金融机构的监管和对消费者的保护（包括对金融信息和咨询意见的规制）。金融教育的推广不应取代金融监管，后者对保护消费者至关重要（例如防止欺诈），金融教育有望对后者起到补充作用。

5. 在经济能力至关重要但又被发现不足时，应当采取适当措施。其他需要考虑的政策工具包括消费者保护和金融机构监管。在不限制契约自由的情况下，一种顾及不充分的金融教育或消极/惰性行为的违约机制应当被考虑。

6. 应促进金融机构在金融教育方面所发挥的作用，并使其成为金融机构就其客户进行良好管理的一部分。不仅在提供有关金融问题的信息和建议方面应明确金融机构的责任与义务，而且在提高客户的金融意识方面，也应明确金融机构的责任与义务，特别是对长期投入和占当前及未来收入很大一部分的投入。

7. 金融教育方案的设计应满足其目标受众的需要和金融素养水平，并反映其目标受众希望如何获得财务信息。金融教育应被视为一种终身的、不断发展的、连续的过程，特别是要考虑到日益复杂的市场、不同人生阶段的不同需求和日益复杂的信息。

二　良好做法的建议

（一）金融教育的公共行动

8. 应鼓励开展国家运动，提高人们的认识，使他们认识到有必要提升自身对金融风险的认识，并通过适当的储蓄、保险和金融教育以应对金融风险。

9. 金融教育应从学校开始。人们应该在生活中尽早接受金融方面的教育。

10. 应当考虑将金融教育纳入国家福利援助方案的一部分。

11. 应鼓励在国家与区域层面建立负责促进和协调金融教育的适当专

门机构（可以纳入现有当局），并应同时推动尽可能接近人口区域的公共和私人倡议。

12. 应推广特定的网站，为公众提供相关的、方便获得的金融信息。发展免费信息服务。应推广由消费者、专业人士或其他组织就可能损害金融消费者利益的高风险问题（包括欺诈案件）的预警系统。

13. 应促进金融教育方面的国际合作，包括利用经济合作与发展组织作为国际论坛，就各国在金融教育方面的最新经验交换信息。

（二）金融机构在金融教育中的角色

14. 应鼓励规定金融机构需向客户提供金融产品和服务的信息类型（包括在何处查找信息、提供有关各类产品风险和收益的一般比较和客观信息）。

15. 应鼓励金融机构明确区分金融教育、金融信息和"商业"金融咨询意见。任何用于商业目的的金融资讯意见都应透明，并清楚地披露任何商业性质，同时作为一种金融教育倡议进行推广。对于那些需要长期投入或具有潜在严重财务后果的金融服务，应鼓励金融机构检查其客户是否阅读和理解其提供的信息。

16. 应鼓励金融机构在不同层次上提供信息，以便最好地满足消费者的不同需要。不鼓励使用小字体、深奥的文件资料。

17. 应定期评估金融机构所提供的金融教育，以确保符合消费者的需要。这可以通过与独立的、不以营利为目的的金融咨询机构建立伙伴关系来实现，这些机构可能与消费者有更好的联系，特别是那些在参与金融市场时面临劣势的消费者。

18. 应鼓励金融机构对其工作人员进行金融教育培训，并制订行为准则，以便就投资和借款提供一般性咨询意见，不与特定金融产品的提供挂钩。

（三）关于退休储蓄的金融教育

19. 对于私人养老金计划中的个人，应促进金融机构向个人提供为管理未来退休储蓄和收入所需的适当金融信息和教育。

20. 关于职业退休计划（各个计划应一致地提供相关信息和教育），无论是约定提存金办法还是约定给付办法，都应进一步提升雇员的金融教育和认识水平，同时进一步发展相关的政策工具。

（四）金融教育计划

21. 应推行金融教育计划，帮助金融消费者了解不同类型的金融产品与服务，了解其中的利弊及风险。应推动对行为经济学的进一步研究。

22. 应推动拟订评估现有金融教育计划的方法。应考虑正式承认符合有关准则的金融教育计划。

23. 应促进为每个金融教育计划和每个不同社会群体制定指导方针、规定学习内容与学习水平指导方针的金融教育方案。

24. 为获得更广泛的报道和曝光，应促进利用所有可行的媒体来传播教育信息。

25. 为将投资者/消费者的多元化背景纳入考量，应推动为特定的投资者/消费者子群体（年轻人、受教育程度较低的弱势群体）创建不同方案的金融教育计划。金融教育应结合个人情况，包括举办金融教育讲座及个性化的金融咨询课程。

26. 对于那些倾向于使用教室的方案，应提升其教育工作者的适当教育背景和能力。在这方面，应鼓励制订"培训教员"的方案，并为这些教员提供具体的资讯材料和工具。

成年人金融素养核心能力框架①

A. 金钱和交易	该内容领域涵盖诸如货币的不同形式、目的及用途，收入的创造和管理，购物时的价格比较，付款以及财务记录与合同的重要性等因素相关的核心能力	● 钱和货币 ● 收入 ● 支付、价格和购买 ● 财务记录及合约
B. 财务规划和管理	财务规划和管理包括日常财务规划能力（创建和使用预算、管理收入和支出），以及长期规划能力（如储蓄、投资和制定长期计划）。与退休、信贷使用和债务管理有关的具体核心能力也包括在内	● 预算 ● 管理收支 ● 储蓄 ● 投资 ● 长期规划和资产管理 ● 退休 ● 信贷 ● 债务和债务管理
C. 风险和回报	这一内容领域包括识别风险、创建金融安全网以及平衡风险与回报的核心能力。它涵盖某些金融产品固有的风险，以及可能影响个人和家庭财务状况的其他类型的风险（如水灾或地震造成的损失，或因家庭成员生病、残疾或死亡造成的家庭收入损失）	● 识别风险 ● 金融安全网和保险 ● 平衡风险与回报
D. 金融环境	金融环境与金融世界的特点有关。它涵盖监管和消费者保护的总体框架，以及权利和义务、教育、信息和建议的使用。金融产品和服务为该内容领域内的一个特定主题，特别强调了做出适当选择所需的核心能力。其他主题包括防范诈骗和欺诈，理解税收和公共开支，以及外部因素对个人财务安全或福祉的影响	● 监管和消费者保护 ● 权利和义务 ● 教育、信息和建议 ● 金融产品及服务 ● 诈骗和欺诈 ● 税收和公共开支

---

① OECD, *Core Competencies Framework on Financial Literacy for Adults*, April, 2016, https://www.oecd.org/daf/fin/financial-education/Core-Competencies-Framework-Adults.pdf.

青年人金融素养核心能力框架①

A. 金钱和交易

A. a 意识、知识和理解

基本结果 1	基本结果 2	基本结果 3
A. a. i 金钱		
• 意识到金钱的共同形式 • 明白现金和硬币有金融价值 • 意识到人们没有无限的金钱 • 意识到人们可以用不同的方式储存现金，包括银行 • 意识到那些把钱放在银行里的人可以在柜台或现金柜上取钱 • 知道有银行账户的人在某些地方可以收取一定的费用来获得他们自己的钱 • 意识到钱是一种资产 • 明白借钱给别人是不一样的	• 理解金钱在他们的文化中所扮演的角色 • 明白如果存在通货膨胀，现金作为现金就会贬值	• 如果通货膨胀超过了利息支付，那么银行持有的货币也会失去实际价值
A. a. ii 收入		
• 了解典型的收入来源。意识到不同的潜在职业道路，包括企业家精神 • 了解教育水平等特定因素会对工资水平产生怎样的影响 • 意识到带回家的工资通常比扣除的全部收入要少 • 明白每个月的收入可能不一样 • 明白收入可以为他们自己，他们的家庭和社区带来幸福	• 意识到潜在的收入来源可能与他们现在或不久的将来有关系	• 识别业务机会并考虑它们的生存能力，考虑其他选择

---

① OECD, *Core Competencies Framework on Financial Literacy for Youth*, 2015, https://www.oecd.org/daf/fin/financial-education/Core-Competencies-Framework-Youth.pdf.

基本结果 1	基本结果 2	基本结果 3
A. a. iii 支付和购买		
• 了解不同形式的支付方式 • 明白钱可以用来交换商品或服务 • 意识到一旦他们花了钱，他们就不能再花在别的事情上了 • 知道在使用之前，必须先把钱加到预付卡上 • 知道借记卡是直接与银行账户相连的 • 知道信用卡会向使用它的人提供贷款	• 了解本地的新支付技术、产品或方法 • 知道什么时候使用信用卡是合适的 • 知道一些借记卡也可以向个人提供贷款如果账户有透支工具根据国家的情况	• 了解到一些公司在购买信用卡时向买家收取一定的费用
A. a. iv 价格		
• 对包括食物在内的基本物品的成本有一个现实的认识 • 知道相同的商品或服务可能被不同的供应商以不同的价格定价	• 对高成本项目的价格有一个现实的认识，这些项目在他们的同行中经常被需要或需要，以及与他们当前的收入相比如何 • 知道其他的外部因素如某些税收或汇率可能会改变一个好的最终价格	• 了解通货膨胀和其他宏观经济变化对成本的影响 • 了解价格反映了一系列因素，包括来自不同供应商的竞争以及可替代产品的可获得性
A. a. v 金融记录和合同		
• 了解由金融服务提供的文件，以及票据和某些收据和担保可能是重要的，并且应该是安全的。理解某些文件有法律含义，应该阅读 • 明白签订合同可能使他们在法律上有义务支付某些东西或偿还某些东西。如果他们不这样做，他们可能会面临后果		
A. a. vi 外币		
• 意识到其他国家可能会使用不同的货币	• 知道去哪里兑换货币 • 知道一些汇率会波动	• 了解在交换货币时产生的成本，而这可能因提供者而异 • 了解汇率变化是由经济因素造成的 • 了解汇率的变化会对购买的商品的成本产生影响

A. b 信心、动机和态度

基本结果 1	基本结果 2	基本结果 3
A. b. i 金钱		
• 有信心以现金和其他形式收钱 • 有信心和家人和其他值得信赖的成年人谈论金钱问题		• 有兴趣了解更多的新形式的金钱的好处和风险,比如虚拟货币
A. b. ii 收入		
• 自信地寻找创造收入的方法	• 有信心在应聘时讨论薪水	
A. b. iii 支付和购买		
• 意识到他们自己的消费习惯和金钱的使用 • 在购买日常用品的时候,有动力去买一件很好的东西 • 尊重不同的人可能对消费有不同的偏好——以及存钱或捐赠 • 如果他们接受了错误的改变,或者被指控错误的金额,他们就会自信起来 • 自信地处理企业内部的简单事务,如商店或市场摊位	• 即使他们的同伴做出不同的选择,他们也有信心做出自己的消费决定 • 明白消费选择可以有道德的成分,并且他们的选择会影响到其他人	• 有信心在必要的时候进行合理的价格谈判
A. b. v 金融记录和合同		
• 认识到在签署合同之前,花点时间阅读和理解合同是值得的		• 有信心阅读财务文件,并寻求查询和纠正任何错误

A. c 技能与行为

基本结果 1	基本结果 2	基本结果 3
A. c. i 金钱		
• 可以用自己的货币来识别和计算货币 • 保管好现金和贵重物品		• 能够比较和对比在人和组织之间转移资金的不同方式 • 从他们自己的角度,从他人的角度考虑各种类型的交易的利弊
A. c. ii 收入		
• 确定潜在的收入来源 • 制定计划,确保他们在相关的时候有收入	• 能够通过有进取心的活动来找到筹集资金的方法	• 可以制定一个简单的商业计划

续表

基本结果 1	基本结果 2	基本结果 3
A. c. iii 支付和购买		
• 可以根据价格和数量做出类似产品的简单选择 • 可以使用心算来计算一些小项目的最终价格，或者在支付前考虑折扣或税收的单一项目 • 在用现金买东西的时候提供正确的钱，或者提供更大的金额，并检查变化 • 购买后检查收据 • 在未来需要时保存相关收据 • 以诚实和开放的态度进行销售和采购	• 考虑支出决策——包括购买大件物品 • 可以比较和对比不同的付款方式	
A. c. iv 金融记录和合同		
• 阅读、检查和处理财务文档 • 可以识别银行声明或类似财务文件中的违规行为 • 仔细、准确地完成财务表格 • 有能力进行必要的计算，以检查收据和监控支出，在必要的地方使用适当的工具	• 在决定是否签署合同之前，先阅读金融产品和服务的条款和条件	• 在决定是否签署合同之前，阅读财务合同并查询不清楚的词语或术语的含义
A. c. v 外币		
• 在必要的情况下，可以用外币进行现金支付	• 可以运用汇率将不同货币的金额兑换成本国货币	• 能够做出关于购买外币的决策

B. 计划和管理财务

B. a 意识、知识和理解

基本结果 1	基本结果 2	基本结果 3
B. a. i 预算		
• 了解计划财务的好处，并根据这些计划拟定预算 • 明白他们必须跟踪所有费用，无论发生了怎样的费用，以便知道他们是否在预算之内	• 了解不同时间尺度下监控现金流的相关性	

续表

基本结果 1	基本结果 2	基本结果 3
B. a. ii 管理收入和支出		
• 知道需求和需求之间的区别 • 懂得在收入有限时优先考虑某些支出的必要性	• 了解一些费用可能是不常见的或不规则的，并认识到计划这些费用的重要性 • 了解收入和支出需要积极管理 • 要知道，通过储蓄或借贷，可以通过不同的方式来缓和支出	• 在某些情况下，可以给出一个平衡的论点，而不是等待和储蓄，反之亦然 • 明白管理个人或家庭资金的重要性，以及单独经营企业的重要性
B. a. iii 储蓄		
• 意识到储蓄的好处 • 要知道，因为钱可能有必要存起来买高价的东西	• 知道利率变化如何影响储蓄 • 了解复利对储蓄的影响	• 了解在他们的同行中最常用的储蓄产品的典型利息 • 了解通货膨胀对不同类型储蓄的影响 • 理解为什么在选择储蓄产品时，了解通胀水平和利率水平是有关系的
B. a. iv 长期规划		
• 了解未来可能发生的生活事件的财务计划的好处 • 意识到有必要提前为退休储蓄	• 知道如何规划一个简单的投资组合	• 对教育或独立生活等较长期需求的重要性有一个很好地理解 • 知道年龄、收入和环境如何影响一系列财务决策 • 了解养老金计划或产品在退休计划中的作用 • 了解财富可以为个人、家庭和社区建立的一些方式，并认识到这样做的好处 • 理解为什么许多人持有储蓄和信贷产品的混合物
B. a. v 信用		
• 要明白，如果他们借钱，他们就有责任偿还债务 • 理解人们为什么经常需要为他们的借款支付利息或期望获得存款利息；或者理解教法兼容的产品，以避免在相关的地方支付利息 • 意识到债务水平高的人所面临的困难。知道如果不付款的话，赊购的货物可能会被收回	• 知道利率变化会对某种形式的信贷产生何种影响 • 要知道，像"分期付款购买"这样的计划，或者是"以后再购买"，都是可以获得的信贷形式	• 了解各种因素对信贷成本和可用性的影响 • 了解信用价值的原则，并了解信用评分的潜在好处 • 了解在同行中最常用的信用产品所收取的典型利息和费用 • 能够给出一些理由，为什么借钱用于生产目的，比如创业，比借钱给消费品更有意义

B. b 信心、动机和态度

基本结果 1	基本结果 2	基本结果 3
B.b.i 管理收入和支出		
•积极发展有效的资金管理，作为实现财务健康的工具 •有信心管理个人消费和储蓄		•在遇到财务挫折或不利结果时，保持信心和动力
B.b.ii 储蓄		
•有动力去对某一特定项目进行储蓄	•有信心决定使用哪一种储蓄产品	•对长期储蓄的可能性表示乐观
B.b.iii 长期规划		
•为了在未来获得更多，我们准备延迟满足	•有信心在几个月的时间里提前做好计划，以实现财务目标	•当听到新的金融产品、服务和金融服务提供者可能帮助他们实现财务目标时，他们会感兴趣但谨慎
B.a.iv 信用		
	•在决定使用信用卡之前，要征求意见	•对自己的能力有信心，能够做出明智的决定，以获取和使用一些常见的信贷形式

B. c 技能与行为

基本结果 1	基本结果 2	基本结果 3
B.c.i 预算		
•生活在他们的方法中，考虑到外部的资金支持和相关的情况 •能够选择并使用简单的预算工具	•区分固定收入和不规律的收入和支出，这就创造了一个预算 •密切关注他们的支出和收入，并在必要时进行调整	•确定他们未来 1—2 年的计划可能对他们的财务产生影响，并考虑如何管理这些方法
B.b.ii 管理收入和支出		
•考虑不同的消费方式或储蓄，以及它们的影响 •在日常生活中，可以成功避免超支 •预计在不久的将来会发生的开支计划	•及时做出财务决策 •批判性地评估他们之前的财务决策的有效性，并考虑是否在将来重复这种行为	•可以比较多种常见金融产品的多种因素，选择那些能帮助他们实现短期财务目标的因素

续表

基本结果 1	基本结果 2	基本结果 3
B. b. iii 储蓄		
• 可以解释储蓄的好处 • 可以计算出，在当前的收入和支出情况下，节省一定数额的资金需要多长时间	• 可以在有债务偿还的情况下做出明智的储蓄决定	• 可以制定一个储蓄计划，帮助他们实现一个高价值的储蓄目标 • 考虑到他们所节省的物品的价格可能会随着时间的推移而改变
B. a. iv 长期规划		
• 在义务教育结束后，做出一个明智的决定（可能与父母有关），决定是否投资于额外的学习或进入工作	• 确定可能需要从年轻时进行财务准备的里程碑或未来生活阶段	• 可以评估一些针对较长期目标的产品的利弊
B. a. v 信用		
• 按时支付他们所欠的任何东西 • 在还款困难的情况下，尽早与贷方交谈 • 花时间去了解借款的总体成本	• 可以运用他们的知识和理解来描述违约对特定信用义务的影响	• 可以提前计算还款的经济效益

C. 风险和回报

C. a 意识、知识和理解

基本结果 1	基本结果 2	基本结果 3
C. a. i 变化的值		
• 明白一些购买可能会随着时间的推移而失去价值，而另一些可能会增值 • 明白投资会失去价值或获得收益	• 意识到投资产品的投资风险有不同程度的风险	
C. a. ii 识别风险		
• 意识到人们所面临的一些风险可能会带来财务上的后果，如洪水或健康状况不佳 • 知道延迟付款或不付款或还款可能会带来负面的财务后果	• 要了解金融产品的不同特征，以评估其在发达金融市场的风险，这一点很重要 • 请注意，一些公司或非正式供应商提供的信息可能只会强调某一特定产品的好处或回报，而不提供全面的风险提示 • 识别常见的价格技巧和虚假广告	• 意识到人们需要在做大量投资决策时，承担计算风险，包括购买资产、资助教育或选择养老基金 • 理解为什么长寿会对计划退休的人构成风险 • 理解担保人所承担的角色和风险，以及当没有偿还贷款时所带来的责任

续表

基本结果 1	基本结果 2	基本结果 3
C.a.ⅲ 金融安全网和保险		
• 意识到有些人把一部分钱存起来，以增加他们的财务安全感 • 在考虑管理风险的方法时，有一个基本的认识，那就是如何节省产品和保险可以帮助他们 • 对人们购买保险产品的原因有一个大致的了解 • 了解某些保险类型的常见特征，如旅游保险或汽车保险，这取决于国家的特殊性质 • 了解在申请保险时披露相关信息的目的	• 了解政府金融安全网的可能性和局限性	• 知道他们是否有法律义务保护自己不受特定不利事件的财务影响
C.a.ⅳ 平衡风险和回报		
• 知道金融产品既能带来风险又能带来回报	• 知道一些产品可能会带来更高的回报，因为持有者承担了一定的风险 • 对银行储蓄的相对风险和股市投资有基本的了解 • 意识到企业家可能会在寻找投资者或贷款人方面遇到困难，并能在风险和回报方面解释这些困难 • 了解自我雇佣的风险和潜在的回报，而不是雇佣员工	• 了解通过多元化降低投资风险的基本思路 • 对过去投资或公司的表现为何不能保证未来的表现以及为什么短期的价格波动不能代表长期趋势的原因有一定的理解

C.b 自信、动力和态度

基本结果 1	基本结果 2	基本结果 3
C.b.ⅰ 识别风险		
• 在匆忙做出财务决策时，要小心谨慎，否则就无法获得高质量的信息或关于风险和再战的建议	• 在考虑投资机会时，自信地运用有用的经验法则，比如"如果它看起来好得不真实，很可能是真的"	• 有信心承担一定的财务风险
C.b.ⅱ 平衡风险和回报		
		• 愿意为自己的财务决策和积极的结果承担责任

C. c 技能和行为

基本结果 1	基本结果 2	基本结果 3
C. c. i 识别风险		
•注意金钱和贵重物品以避免损失	•可以对发生的事件的可能性进行简单（非科学的）评估，从而产生财务上的结果	•可以描述真实的投资产品和欺诈的报价之间的区别，比如金字塔骗局
C. c. ii 金融安全网和保险		
•能够描述一些金融产品的目的，比如保险政策，旨在保护人们免受某些事件的负面影响 •在目前的情况下，可以决定简单的保险产品是否与他们有关 •检查他们的家庭是否已经对某一特定的不良事件进行了保护，以确定是否建立一个金融安全网	•在购买产品或服务或计划旅行时，作出明智的决定	•仔细考虑保险是否对金钱有好处
C. c. iii 平衡风险和回报		
•在做出财务决定之前，要从可靠的消息来源中寻求风险和回报的建议	•在考虑风险和回报时，借鉴自己或他人的经验 •能够评估简单的商业风险和机会的相对风险和回报	•能够分析各种金融产品的选择或投资机会，并解释投资业绩的信息，以增加其潜在风险和回报 •能够分析持有黄金或房地产等各类非金融资产的风险和回报

D. 金融环境

D. a 意识、知识和理解

基本结果 1	基本结果 2	基本结果 3
D. a. i 监管和消费者保护		
•了解国内相关的金融监管机构 •了解他们国家的其他金融机构	•对相关金融监管机构在本国的角色有一定的了解 •了解其他金融机构在本国的作用	•意识到担保计划（可能）保证了金融服务提供者所持有的某些金融存款

基本结果 1	基本结果 2	基本结果 3
D. a. ii 教育信息和建议		
●意识到发展自己的金融知识的重要性，以便做出更好的决策，并提高他们的财务状况 ●知道如何找到一个可靠的简单财务建议来源 ●了解政府机构，提供可信赖和公正的财务信息、指导、服务或建议 ●了解公正的财务信息或建议与市场营销、产品推广或广告在金融环境中的区别	●知道一些公共和私营部门组织提供现成的计算器和在线工具来比较金融产品，并理解检查这些产品是否公正的重要性	
D. a. iii 权利和义务		
●了解供应商和消费者有权利和责任 ●了解金融服务提供商有责任公平对待他们 ●知道他们有权抱怨某些金融服务和他们不满意的产品	●要明白，个人和服务提供者不履行自己的职责可能会带来负面后果	
D. a. iv 金融服务提供者		
●意识到可能会有几家金融服务/产品供应商提供类似的产品 ●了解购买金融产品的好处 ●意识到正规的金融服务提供者是受管制的	●了解金融服务提供商在金融产品或服务被描述为免费或没有定期收费的情况下仍在赚钱 ●了解如何购买金融产品，包括使用比较工具	●（在一些国家或地区）知道一些金融服务提供商有义务提供某些类型的服务，比如基本的银行账户 ●要知道，提供金融服务的一些私营部门或非营利性公司（如电信公司或小额信贷机构）不像其他金融服务提供商那样受到监管 ●知道一些提供储蓄和信贷的人或组织可能不受监管，可能是非正式的或非法的
D. a. v 诈骗和欺诈		
●了解使用这些产品的 PIN 号等金融产品的简单安全特性的原因 ●意识到处理个人数据很重要，包括在网上购物时 ●要明白，为什么要谨慎地谈论他们的财务状况	●了解常见的金融诈骗和欺诈行为，以及可以用来防范这些问题的方法	

续表

基本结果 1	基本结果 2	基本结果 3
D. a. vi 税收和公共支出		
•明白政府征收税金用于公共服务	•对国家/区域税收制度有一个大致的概念 •意识到政府的决策,如改变税收和福利水平,会影响个人和家庭的支出和储蓄决策	•可以确定政府的政策是如何设计来鼓励创业公司或支持企业家的
D. a. vii 外部影响		
	•意识到外部因素(包括市场营销)会对他们自己的财务决策和周围的其他人产生影响 •对金融前景如何影响建立新业务的决定有一定的了解	•了解一个人的财务决策是如何影响到他们自己的生活和他们的家庭的,以及如何影响到他们的社区和其他方面

D. b 自信、动机和态度

基本结果 1	基本结果 2	基本结果 3
D. b. i 监管和消费者保护		
•有信心并有动力将他们的权利和责任作为消费者	•当对金融产品或服务不满意时,有信心向适当的部门提出投诉	•对他们所控制的决策负责

D. c 技能和行为

基本结果 1	基本结果 2	基本结果 3
D. c. i 监管和消费者保护		
•寻找消费者是否投诉他们感兴趣的产品的信息	•在必要时对不满意的产品或服务提出投诉	•努力找出在当地提供或讨论的新金融服务或产品
D. c. ii 金融服务提供者		
•在决定拿出金融产品或服务时,确定潜在的正规金融服务提供商	•在购买之前,要花时间研究广泛使用的金融产品和服务 •可以区分他们的财务提供者和来自同一供应商的一般宣传材料之间的区别	•努力找出在当地提供或讨论的新金融服务或产品
D. c. iii 诈骗和欺诈		
•保持个人数据、密码和金钱安全	•可以评估来自金融公司的请求,以判断它们是真实的还是潜在的欺诈	•如果成为数据和金融欺诈的受害者,采取行动解决问题和影响

中小企业金融素养核心能力框架①

A. 选择和使用金融服务

A. a 基本支付和存款服务

意识、知识和理解	技能和行为	态度
A. a. i 起步/正式化		
• 了解获取和使用正式支付和存款产品和服务的潜在优势、限制和影响 • 了解企业的基本支付和存款服务，包括数字服务，以及它们的成本 • 了解与从客户处收到的付款相关的费用，例如与使用销售点（POS）或非接触式终端相关的费用	• 根据业务需要选择最合适的支付和存款服务，包括数字服务，并考虑相关因素，包括价格、交易相关的成本、服务提供的质量和广度、供应商和客户的偏好，以及要约的其他条件 • 四处寻找不同的金融供应商和产品 • 为个人目的和商业目的分别创建单独的交易、支付、存款和储蓄账户	• 有信心与金融服务提供商谈论业务需求 • 有信心为企业挑选付款和存款产品和服务
A. a. ii 成长		
• 了解外币兑换和交易的相关成本	• 能够以外币进行商业交易（如果有的话） • 定期回顾检讨交易、付款及存款服务的适当性，并在必要时作出改变	• 有信心用外币进行商业交易

---

① OECD, *Core Competencies Framework on Financial Literacy for MEMEs*, 2018 https：//www. oecd. org/finance/financial-education/OECD-INFE-core-competencies-framework-on-financial-literacy-for-MSMEs. pdf.

A. b 融资业务

意识、知识和理解	技能和行为	态度
A. b. i 基础/非正式		
• 知道需要多少钱才能开始创业并开始运作 • 要知道有多少启动企业的初始资金需要从外部来源处寻找 • 理解从包括家人和朋友在内的不同来源获得资金的含义	• 评估建立一个企业的实际成本，并制定具体的计划来满足这些成本 • 做出明智的投资决策，考虑不同选择的影响和好处 • 寻找不同的潜在融资提供者	• 有信心去寻找不同的金融产品和金融服务提供商
A. b. ii 起步/正式化		
• 了解创业和创业阶段的不同融资选择，包括内部、家庭融资和外部融资，政府支持和私人融资，债务和股权 • 了解提供外部融资的不同产品的特点，它们是如何工作的，隐含的利益和风险是什么 • 在寻求借款时，了解抵押品、担保人的作用 • 理解某些形式的企业债务融资需要企业所有者承担个人责任 • 了解银行、投资者和其他外部融资提供者的决策过程，以提高企业的信誉、做好投资准备 • 意识到公众或非营利组织获得资金和实物支持的机会，包括孵化中心 • 了解与数字服务和业务融资平台（如众筹、p2p 借贷和首次代币发行）相关的好处、风险、成本和限制 • 根据业务的规模和发展阶段，了解融资产品是否合适（例如，认识到衍生品可能不适合微型企业） • 了解信用评级如何运作及其对获取信贷的金融影响（如果在该国相关）	• 研究并能够获得各级国家和地方政府提供的贷款和其他形式的财政支持（赠款、担保），以支持中小微企业 • 评估最佳的融资方案来建立企业，并在创业阶段提供资金 • 在不同融资来源之间，特别是在内部融资、政府支持、债务和股权之间，选择适当的平衡 • 能够准备文件，制定有效的商业计划，并为吸引投资做好准备 • 遵守银行和投资者的要求（例如，具备"可盈利能力""投资保障"） • 满足还款过程中设定的条款和条件 • 管理与银行和其他外部资金来源的财务关系，让他们了解业务发展情况，以最终改善贷款或投资流程 • 采取步骤获得信用评级，若有适用的业务和相关的国家 • 定期检查信用评级并保持良好评级（如果相关）	• 能够自信地接触各种外部融资来源并与之沟通交流，包括银行、投资者和潜在的其他资助者 • 有决心和动力去寻求最合适的筹款方案 • 在推广自己的商业计划时具有说服力和良好的沟通能力 • 对实现筹资目标有灵活和乐观的态度 • 即使被投资者或贷款人拒绝，也要有建设性的态度，并有信心和动力再试一次
A. b. iii 成长		
• 了解哪些融资选择最适合发展业务 • 了解资本市场的运作机制和进入资本市场的要求	• 根据业务的发展阶段、风险和融资规模，选择最合适的融资方式来支持业务增长	• 积极主动地处理与业务发展相关的金融问题

B. 财务和商业管理和计划

B. a 注册、税收和其他法律要求

意识、知识和理解	技能和行为	态度
B. a. i 起步/正式化		
• 了解国内现有的商业类型，并了解其法律、财政和金融影响 • 要明白，在某些企业结构下，企业所有者可以对企业债务承担个人责任 • 了解正式注册企业或将非正式企业转变为正式企业的潜在优势、限制和含义 • 了解与开办和拥有一家企业相关的法律要求（包括许可证、保险、商标、专利、税务事项、财务报表） • 了解业务是否应遵守尽职调查要求（例如获得某些资金来源） • 了解适用于业务的不同税种（如所得税、公司税和销售税）和业务支付/汇缴税款的责任 • 了解国内中小微企业可能获得的减税或补贴	• 在专业顾问的帮助下，根据企业的需求和愿望，评估和选择最佳的法律形式 • 及时处理与开业经营相关的法律要求，如编制财务报表、办理营业执照、报税汇款、强制保险等 • 如有必要，能够遵守尽职调查要求	• 专注并有组织地跟踪和遵守与法律要求相关的截止日期 • 及时和前瞻性地处理法律义务
B. a. ii 成长		
• 了解与雇佣员工或学徒相关的行政和法律程序（工资、养老金、医疗保健、安全等） • 了解员工工资和养老金管理的不同选择（自己做，支付、聘请会计），以及各自的优缺点	• 选择一个适当的解决方案来管理员工的工资和养老金，这可能包括获取和使用相关的软件，或支付会计费 • 定期评估所选择的管理员工工资和养老金的解决方案是否足够，或者是否需要更改	
B. a. iii 结业		
• 了解与不同退出策略相关的法律和财政要求 • 了解破产的法律影响和要求	• 及时处理与不同离职策略相关的法律要求，包括税收和保险义务，以及与终止执照和任何雇员的工作合同相关的法律要求	

B.b 保存记录和会计

意识、知识和理解	技能和行为	态度
B.b.i 基础/非正式		
• 理解业务收入和预算的主要组成部分（收入、利润、资产、负债等）以及它们之间的关系 • 了解公司的所有收入以及公司可能经常发生的所有费用 • 理解某些成本（如可变成本或固定成本）的不同性质	• 记录商业交易记录收入和成本 • 制定短期现金流量预测和预算评估企业是否盈利或亏损	• 有毅力和耐心跟踪成本，收入和利润
B.b.ii 起步/正式化		
• 了解资产负债表、现金流量表和损益表是如何构成的，以及它们之间的区别 • 明白簿记和会计的可能解决方案，包括可用的软件和/或雇佣专业人员来完成；认识到这些方案的优点和缺点	• 为会计、保险和税务的目的，记录所有的营业收入、付款和合同 • 根据可用选项和成本，以及其他优缺点，选择适当的簿记和会计解决方案，包括可能求助于专业人员；定期评估所选的解决方案是否足够或是否需要更改	• 决心为会计、保险和税务目的保持记录 • 有信心为企业选择最合适的簿记和会计解决方案

B.c 短期财务管理

意识、知识和理解	技能和行为	态度
B.c.i 基础/非正式		
• 理解将个人和企业财务分开的重要性，以及如果不这样做可能产生的风险 • 了解诸如设备折旧、客户付款条件和供应商付款条件等因素会在短期内影响现金流 • 了解与短期管理相关的基本财务概念和原则（如通货膨胀、利率、汇率、折旧）	• 将个人财务和企业财务分开 • 为企业家/所有者提取收入，并将其视为企业的支出 • 留出足够的资金来启动业务，并在开始盈利时进行运营 • 定期监控短期现金流量，以估计未来的现金需求以及潜在的流动性问题 • 在短期内管理收入和成本，以确保公司能够支付日常开支 • 比较现金流的估计和实际金额，看看业务是否按计划进行	• 有决心和自制力，保持个人和企业财务分离 • 有针对性、及时、有组织地定期监控现金流 • 在创业时要有前瞻性

续表

意识、知识和理解	技能和行为	态度
B.b.ii 起步/正式化		
• 了解一些因素，比如贷款偿还，会在短期内影响企业的现金流 • 了解短期融资产品或服务（包括信贷账户）的特点，作为现金流管理的支持 • 了解与短期财务管理相关的财务比率 • 识别行业内的财务比率	• 利用公司财务比率和行业比率进行比较，在短期内监控和管理业务 • 在短期内管理收入、成本、库存和存货，以确保企业有能力在到期时支付给供应商的相应的款项、税款和贷款的分期付款 • 在现金流出现问题时，能够迅速调动一些财务资源（如短期贷款、银行透支或保理），以满足日常开支 • 评估客户逾期付款（或不付款）的后果，并寻找与之打交道的方法（包括仔细选择客户，评估他们的信誉，要求提前付款或使用信用保险） • 识别不同产品/服务线的盈利能力	• 专注、及时、有条理地遵守付款期限 • 积极主动，前瞻性地预测短期内的现金流需求

B.d 非短期计划

意识、知识和理解	技能和行为	态度
B.d.i 起步/正式化		
• 了解与规划未来的企业财务（如利息复利）相关金融概念和原则 • 了解业绩指标和财务比率，为企业未来财务规划提供依据	• 管理企业财务，同时牢记企业中长期需求（包括现金短缺、纳税义务、债务偿还、设备陈旧、业务成长等） • 匹配预期收入和债务偿还的时间，以避免没有现金流来支付债务 • 考虑在中期可以采取哪些行动来增加收入（如定价政策、促销）和降低成本（如投资绿色能源）	• 如果成功没有像预期的那样迅速实现，要有毅力和耐心 • 能够管理预期，并对业务有现实的预期 • 有毅力坚持自己的目标，完成计划好的任务
B.d.ii 成长		
• 意识到业务增长可能会产生的费用（如新设备、额外人员、新许可证或新地点） • 了解不同融资方式的优缺点，包括储蓄、债务或外部股权 • 了解雇佣员工及遵守劳工法例对财务的影响	• 制定中期业务计划和预算，以发展中长期业务 • 分析业务增长的原因和机会（如因为客户需求或为了保持竞争力），并评估它们是否可行和有利可图 • 进行投资分析，以评估某项投资在财务上是否对公司有吸引力	• 对发展业务的机会保持警惕 • 具有战略眼光，动机和长期导向，为公司业务提前做好计划 • 积极主动地把握业务增长机会 • 在处理业务增长时考虑道德和可持续性问题

续表

意识、知识和理解	技能和行为	态度
B.d.iii 结业		
• 了解不同退出策略对个人和企业财务的影响，包括将企业转让或出售给不同的各方（包括家庭成员、员工、管理层、外部企业等）、上市或结业 • 了解破产对个人和企业财务的影响 • 知道如何确定企业的市场价值，以便出售企业或继承企业	• 提前评估不同的退出策略，并向专业顾问寻求帮助 • 提前计划业务的关闭、转让、出售或继承 • 在准备转让或结业时，采取措施管理企业财务，如收集应收账款，出售存货和企业资产，清算未偿债务，估计企业价值，计划如何处理税收、工资和养老金问题	• 具有提前考虑退出策略的长期倾向

C. 风险和保险

C.a 人身风险与保险

意识、知识和理解	技能和行为	态度
C.a.i 基础/非正式		
• 了解满足企业家/业主的退休和医疗需求的必要性	• 评估为企业家/业主提供的医疗费用和养恤金的公共保险是否足够，并在必要时采取步骤予以补充	• 积极主动地解决企业家/业主的医疗和养恤金保险需求
C.a.ii 起步/正式化		
	• 考虑为企业家/业主提供人寿保险的机会	

C.b 商业风险与保险

意识、知识和理解	技能和行为	态度
C.b.i 基础/非正式		
• 了解现金流变化的来源和企业的整体风险，包括暂时失败，收入变化，盗窃/损失/损坏，疾病，企业家/所有者的死亡，对第三方的损害等	• 有一个计划来处理意外的业务开支	• 愿意承担一定程度（可控）的风险 • 准备好面对不确定性、挫折和暂时的失败 • 要有恒心和耐心来应对变化

续表

意识、知识和理解	技能和行为	态度
C. b. ii 起步/正式化		
●了解保险可以用来覆盖一些商业风险，也包括法律要求的风险 ●了解除了保险之外，还可以采取一些策略来降低风险 ●在不同的时间范围内识别有金融影响的风险	●在其他情况下制定应急计划，并为意外事件制定计划；考虑到"最坏情况"的可能性及其对企业生存能力的影响 ●为经营所需的主要设备和资产购买保险；定期评估所选择的保险方案是否足够 ●留出足够的资金，以便在利润较低的时期或紧急情况下运作业务 ●收入来源多样化（例如通过不同的客户、不同的产品，或不同的地点） ●考虑客户投诉的金融后果或企业声誉的损失	
C. b. iii 成长		
●了解哪些因素和风险可能会影响业务的可持续性和增长 ●认识到为紧急情况预留的资源过多会阻碍现有业务的发展和增长	●能够应对货币波动 ●在发展决策中要考虑潜在的新风险来源，例如探索未知市场	●当外部或商业环境发生变化时，能够灵活应变

D. 金融形势

D. a 外部的影响

意识、知识和理解	技能和行为	态度
D. a. i 基础/非正式		
●了解外部因素（本地市场、竞争对手等）可能会影响业务，而业务可能会影响社区	●密切关注可能对公司有影响的新闻	●有决心跟踪可能影响业务的相关新闻和信息
D. a. ii 起步/正式化		
●了解主要经济和金融参与者的作用 ●了解主要的宏观经济变量和它们之间的关系 ●了解经济和金融环境的变化——如通胀、经济萧条、福利和税收的变化——如何影响企业 ●理解商业决策对社区、经济、社会和环境的影响	●密切关注可能影响业务的主要宏观经济变量和法律框架的变化 ●尽量减少商业决策对社区、经济、社会和环境的负面影响	●具有前瞻性的方向，以评估和考虑业务决策在更大范围内的后果

意识、知识和理解	技能和行为	态度
D. a. iii 成长		
	• 利用有关经济和金融状况的信息来提供发展业务的战略观点 • 根据不断变化的经济和金融环境调整商业计划	• 积极主动地利用经济和金融形势的变化，使业务增长

D. b 中小微企业的金融保护

意识、知识和理解	技能和行为	态度
D. b. i 基础/非正式		
• 了解处理非正式和不受监管的金融产品（如首次代币发行）和供应商（如非正式放款人）的风险	• 保证业务数据和财务信息的安全	• 对诈骗保持警惕，并确保商业信息的安全
D. b. ii 起步/正式化		
• 了解金融监管机构在中小微企业消费者保护方面的作用 • 了解金融市场中企业的权利，包括金融服务提供商有义务公平和透明地对待消费者，提供可靠的服务，并确保消费者数据的安全性 • 了解与金融服务提供者处理投诉和解决纠纷的机制	• 了解常见的财务欺诈和向企业不当销售的例子，并尽可能采取措施避免这些情况发生 • 采取网络安全措施保护企业免受技术欺诈 • 检查信用评级和其他记录，以核实公司没有成为欺诈的受害者 • 检查金融服务提供者是否受相关机构监管 • 采取措施投诉，解决与金融供应商的纠纷，并在必要时寻求赔偿	• 决心保护商业数据不受技术欺诈 • 有信心和决心提出投诉，并在需要时寻求金融供应商的赔偿

D. c 金融信息、教育和建议

意识、知识和理解	技能和行为	态度
D. c. i 基础/非正式		
• 意识到自己在金融业务知识和技能上的差距 • 意识到并非所有的金融信息来源都是可靠、公正和高质量的	• 将可靠、公正、高质量的金融信息来源与不可靠、有偏见的财务信息来源区分开来	• 随时准备从不同的来源了解金融信息

意识、知识和理解	技能和行为	态度
D.c.ii 起步/正式化		
• 了解能提高自己的金融业务知识和技能的机会，寻求指导或金融建议，包括小企业协会；意识到这些机会的潜在成本 • 了解加入企业孵化器和加速器的机会，以获得金融业务管理方面的帮助	• 通过自学、现有的教育项目、指导或其他学习机会，填补自己在金融业务知识和技能方面的空白 • 认识到何时需要专业的商业、法律或财务顾问的帮助，并在这种情况下寻求建议 • 考虑提升企业员工的金融素养	• 积极填补与业务相关的知识或技能的空白

附件五

投资者金融素养核心能力框架^①

A. 意识和知识，即可以：	B. 技能和行为，即会：	C. 态度、信心和动机
1. 基本投资原则和概念		
• 解释储蓄和投资的区别 • 解释投资和投机的区别 • 描述风险和潜在回报之间的关系 • 解释通货膨胀对长期财务计划和长期投资的影响 • 解释复利对财富积累的影响 • 解释分散投资的好处 • 解释借钱（或杠杆）投资的风险 • 解释投资时平均成本的影响	• 在考虑投资之前先建立一个流动储蓄储备（应急基金） • 选择适合个人风险承受水平和投资目标的投资 • 多元化的投资 • 考虑自己能解释清楚其特性、费用和风险的投资 • 为每项投资设定投资目标 • 当影响风险承受水平的因素发生变化时，重新评估个体的风险承受水平 • 定期投资，为长期的财务目标而自律	• 认识到投资的价值可能增加或减少 • 认识到做出不知情的投资决定可能会带来更多风险 • 将投资视为财务规划过程的一部分，而不是投机性收益
2. 投资产品属性		
• 识别和比较不同资产类别的特征和风险 • 确定影响投资产品的因素以及它们如何影响投资价值 • 描述与投资产品相关的费用	• 研究和比较同一资产类别内的潜在投资产品 • 使用适当的度量来比较类似的投资 • 评估投资产品的实际回报率	• 有信心在投资前对潜在投资进行研究 • 对投资产品的投资范围进行研究，以便对其适用性做出财务和道德上的决定 • 明白一项投资的过去表现并不是未来回报的预示

A. 意识和知识，即可以：	B. 技能和行为，即会：	C. 态度、信心和动机
3. 投资产品的买卖流程		
•描述买卖投资产品的可用渠道的特点 •确定金融服务提供者/中介在投资产品买卖中的角色和责任 •解释将投资账户委托给第三方管理的风险 •识别利用网络平台进行投资的网络安全风险	•使用多种公正和独立的资源、工具和信息来协助作出投资决策 •向金融服务提供者/中介询问问题，以确认对投资建议的理解，或厘清认识不一致之处 •必要时寻求独立的财务建议 •比较不同渠道买卖投资产品的利弊 •检查和保存交易记录，以确认其准确性和真实性 •使用得到许可的/受监管的金融服务提供者/中介来买卖投资产品	•有信心做出明智的投资决策 •勇于质疑那些看起来太好而不真实的投资提议 •自信地向金融服务提供者/中介机构询问投资产品；征求意见或建议；以及明白他们如何从交易中获得报酬 •有信心评估特定金融服务提供商/中介的可信程度
4. 拥有投资资产		
•解释投资账户报表或交易确认文件中的关键信息 •当公司采取行动时，确定不同选择的影响 •区分未实现的和已实现的收益/损失	•定期检查和保存投资账户报表、交易或其他文件，如果没有，要求金融服务提供商提供这些文件的副本 •定期回顾投资表现，以了解投资是否达到目前的风险容忍水平和投资目标 •如果现有的投资组合不再符合个人的风险容忍水平和投资目标，重新调整他 •阅读所有关于现有投资的信息并在必要时采取适当的行动	•有信心管理投资并做出调整 •积极了解现有的投资并采取必要的行动
5. 投资者的权利和责任		
•解释投资者的权利和责任，投资者保护措施的范围，包括投诉/补救程序 •识别金融服务提供者/中介提供不准确的、有误导性或不充分信息的影响 •识别与金融服务提供商/中介机构签署的文件的含义	•在购买投资产品之前，阅读销售文件 •向金融监管机构查询投资是否受监管/已注册，以及如何受监管/注册 •向金融监管机构查询有关金融服务提供者/中介人是否已获相关牌照/受监管/注册以提供该服务 •对投资或服务有争议时，向当事方提出投诉 •在签署文件之前，要厘清所有细节，并保留一份副本	•勇于行使投资者的权利 •认识到履行投资者的权利和责任将减少投资出错的可能性 •认识到文件中的所有信息（包括小字）可能具有实质性的含义 •认识到向金融服务提供者/中介机构提供准确和最新的相关信息是符合个人利益的 •认识到不受监管的投资风险更高，因为投资者几乎得不到保护 •为个人作出的投资决定的财务结果承担责任

A. 意识和知识，即可以：	B. 技能和行为，即会：	C. 态度、信心和动机
6. 与投资相关的行为偏差		
• 意识到投资者可能会因为认知偏差，而做出不理性的决定 • 提供可能影响投资决策的常见情绪或认知偏差的例子	• 在做投资决定时，要发现情绪或认知偏差的迹象 • 避免做出冲动的投资决定 • 根据实际信息做出投资决策	• 要认识到人类的特性，比如情感，可能会以意想不到的方式影响投资决策 • 认识到投资自律可以将行为偏差最小化
7. 投资诈骗		
• 描述常见投资诈骗的主要特征 • 确定有关所报告的投资诈骗的信息来源	• 识别是否使用了投资诈骗的策略 • 质疑那些看起来好得令人难以置信的投资机会 • 当怀疑遇到投资诈骗时，应向金融监管机构或执法机构报告	• 有动力学习如何避免投资诈骗 • 有信心质疑一项投资是否存在欺诈行为 • 自信地承认一个投资骗局已经发生 • 认识到"低风险高回报"的投资是不存在的

参考文献

一 中文类

(一) 著作类

［德］罗伯特·阿列克西:《法律论证理论:作为法律证立理论的理论性思辨》,舒国滢译,中国法制出版社 2002 年版。

［德］乌尔里希·贝克:《风险社会:新的现代性之路》,张文杰、何博闻译,译林出版社 2018 年版。

［美］E. 博登海默:《法理学:法哲学及其方法》,邓正来、姬敬武译,华夏出版社 1987 年版。

［美］保罗·萨缪尔森、诺德豪斯:《宏观经济学》,萧琛译,人民邮电出版社 2008 年版。

［美］罗伯特·席勒:《金融与好的社会》,束宇译,中信出版社 2012 年版。

［美］罗伯特·席勒:《新金融秩序:如何应对不确定的金融风险》,束宇译,中信出版社 2014 年版。

［日］星野英一:《私法中的人》,王闯译,法律出版社 1997 年版。

［英］菲利普·莫利纽克斯、尼达尔·沙姆洛克:《金融创新》,冯健、杨娟、张玉仁等译,中国人民大学出版社 2003 年版。

［英］威廉·福布斯:《行为金融》,孔东民译,机械工业出版社 2011 年版。

世界银行:《金融消费者保护的良好经验》,中国人民银行金融消费者保护局译,中国金融出版社 2013 年版。

张文显：《法哲学范畴研究》，中国政法大学出版社 2001 年版。

（二）论文类

蔡明荣、任世驰：《企业金融化：一项研究综述》，《财经科学》2014年第 7 期。

曾威：《互联网金融科技信息披露制度的构建》，《法商研究》2019 年第 5 期。

程骞等：《中国农村治理变迁与获致司法正义——"法律赋能"的启示》，《北方法学》2015 年第 1 期。

单德朋：《金融素养与城市贫困》，《中国工业经济》2019 年第 4 期。

丁凤玲：《风险社会下智慧金融的私法责任》，《华侨大学学报》（哲学社会科学版）2020 年第 5 期。

董彪：《消费者权益保护视角下的互联网保险营商自由》，《国家检察官学院学报》2017 年第 2 期。

董新义：《一部金融消费者保护强化法案：评韩国〈金融消费者保护法〉》，《河北法学》2020 年第 8 期。

董新义：《以功能性规制为基础构建金融消费者保护法》，《国家检察官学院学报》2016 年第 6 期。

窦鹏娟：《消费金融公平发展的法律突破路径——基于普惠金融视角的思考》，《现代经济探讨》2014 年第 4 期。

杜一华：《论适合性义务与"买者自负"原则的关系与调适——以金融投资商品交易为观察对象》，《河北法学》2018 年第 3 期。

范一飞：《谱写新时代金融信息化发展新篇章》，《中国金融》2020 年第 Z1 期。

冯果、李安安：《包容性监管理念的提出及其正当性分析——以农村金融监管为中心》，《江淮论坛》2013 年第 1 期。

冯果、李安安：《民生金融法的语境、范畴与制度》，《政治与法律》2012 年第 8 期。

冯果、袁康：《从法律赋能到金融公平——收入分配调整与市场深化下金融法的新进路》，《法学评论》2012 年第 4 期。

冯果、袁康：《社会变迁与金融法的时代品格》，《当代法学》2014 年第 2 期。

冯果、袁康：《走向金融深化与金融包容：全面深化改革背景下金融法的使命自觉与制度回应》,《法学评论》2014 年第 2 期。

冯果:《金融法的"三足定理"及中国金融法制的变革》,《法学》2011 年第 9 期。

郭峰、王靖一、王芳、孔涛、张勋、程志云:《测度中国数字普惠金融发展:指数编制与空间特征》,《经济学》(季刊) 2020 年第 4 期。

何德旭、郑联盛:《从美国次贷危机看金融创新与金融安全》,《国外社会科学》2008 年第 6 期。

何昇轩:《家庭成员对个人金融素养影响的研究》,《中国软科学》2020 年第 5 期。

何颖:《构建面向消费者的金融机构说明义务规则》,《法学》2011 年第 7 期。

侯东德、张冉:《智能投顾信用风险的生成逻辑与治理策略》,《西北工业大学学报》(社会科学版) 2019 年第 2 期。

胡文涛:《普惠金融发展研究:以金融消费者保护为视角》,《经济社会体制比较》2015 年第 1 期。

胡振、臧日宏:《金融素养过度自信影响股票市场参与吗?——基于中国城镇家庭的微观数据》,《北京工商大学学报》(社会科学版) 2016 年第 6 期。

胡振等:《金融素养对家庭理财规划影响研究——中国城镇家庭的微观证据》,《中央财经大学学报》2017 年第 2 期。

黄国平、孙健:《中国居民融资的演进、特征及未来展望》,《财经问题研究》2020 年第 2 期

黄益平等:《中国的数字金融发展:现在与未来》,《经济学》(季刊) 2018 年第 4 期。

江嘉骏等:《移动互联网是否带来行为偏误——来自网络借贷市场的新证据》,《经济研究》2020 年第 6 期。

靳文辉:《法权理论视角下的金融科技及风险防范》,《厦门大学学报》(哲学社会科学版) 2019 年第 2 期。

康玉梅:《政府在 P2P 网络借贷中的角色定位与制度回应》,《东方法学》2015 年第 2 期。

黎四奇:《中国普惠金融的囚徒困境及法律制度创新的路径解析》,《现代法学》2016 年第 5 期。

李爱君：《互联网金融的本质与监管》，《中国政法大学学报》2016 年第 2 期。

李安安：《逻辑与进路：金融法如何实现收入分配正义》，《法商研究》2019 年第 4 期。

李明贤、叶慧敏：《普惠金融与小额信贷的比较研究》，《农业经济问题》2012 年第 9 期。

李文莉、杨玥捷：《智能投顾的法律风险及监管建议》，《法学》2017 年第 8 期。

梁伟亮：《科创板实施下信息披露制度的两难困境及其破解》，《现代经济探讨》2019 年第 8 期。

廖凡：《金融消费者的概念和范围：一个比较法的视角》，《环球法律评论》2012 年第 4 期

廖凡：《论金融科技的包容审慎监管》，《中外法学》2019 年第 3 期。

林越坚：《金融消费者：制度本源与法律取向》，《政法论坛》2015 年第 1 期。

刘国强：《我国消费者金融素养现状研究——基于 2017 年消费者金融素养问卷调查》，《金融研究》2018 年第 3 期。

刘乃梁：《包容审慎原则的竞争要义——以网约车监管为例》，《法学评论》2019 年第 5 期。

刘乃梁：《金融素养培育的实践源流与制度因应》，《金融发展研究》，2021 年第 7 期。

刘盛：《监管沙盒的法理逻辑与制度展开》，《现代法学》2021 年第 1 期。

刘一展：《构建我国金融消费者保护机制的若干思路——基于英国、澳大利亚、美国的经验》，《消费经济》2011 年第 2 期。

陆璐：《"FinTech"赋能：科技金融法律规制的范式转移》，《政法论丛》2020 年第 1 期。

穆林娟、佟欣：《实体企业金融化及其经济后果研究——以雅戈尔集团股份有限公司为例》，《财务管理研究》2020 年第 1 期。

彭倩、李建勇、宋明莎：《金融教育、金融素养与投资组合的分散化行为——基于一项投资者金融教育调查的实证分析》，《财经科学》2019 年第 6 期。

彭显琪、朱小梅：《消费者金融素养研究进展》，《经济学动态》2018年第 2 期。

舒志军：《中国网络银行的现状、问题及前景》，《中国金融电脑》2002 年第 9 期。

孙国峰：《从 FinTech 到 RegTech》，《清华金融评论》2017 年第 5 期。

孙天琦：《金融消费者保护：行为经济学的理论解析与政策建议》，《金融监管研究》2014 年第 4 期。

唐峰：《金融科技应用中金融消费者保护的现实挑战与制度回应》，《西南金融》2020 第 11 期。

王名、蔡志鸿、王春婷：《社会共治：多元主体共同治理的实践探索与制度创新》，《中国行政管理》2014 年第 12 期。

王勋、黄益平、陶坤玉：《金融监管有效性及国际比较》，《国际经济评论》2020 年第 1 期。

王宇熹、范洁：《消费者金融素养影响因素研究——基于上海地区问卷调查数据的实证分析》，《金融理论与实践》2015 年第 3 期

王宇熹、杨少华：《金融素养理论研究新进展》，《上海金融》2014 年第 3 期。

吴飞飞：《从权利倾斜到责任倾斜的弱者保护路径转换——基于法经济学视角的解读》，《广东商学院学报》2013 年第 6 期。

吴卫星等：《金融素养与家庭资产组合有效性》，《国际金融研究》2018 年第 5 期。

吴秀尧：《消费者权益保护立法中信息规制运用之困境及其破解》，《法商研究》2019 年第 3 期。

谢晖：《论新型权利生成的习惯基础》，《法商研究》2015 年第 1 期。

谢平、邹传伟：《互联网金融模式研究》，《金融研究》2012 年第 12 期。

徐瑜璐：《论注册制下的证券市场治理权能转向》，《河北法学》2020 年第 12 期。

许多奇：《互联网金融风险的社会特性与监管创新》，《法学研究》2018 年第 5 期。

阳建勋：《"金融消费者"概念生成的法社会学探析——消费者运动与金融危机耦合下的金融法变革及其本土资源》，《甘肃政法学院学报》

2014 年第 1 期。

阳建勋：《论自贸区金融创新与金融监管的互动及其法治保障——以福建自贸区为例》，《经济体制改革》2017 年第 1 期。

杨东、武雨佳：《智能投顾中投资者适当性制度研究》，《国家检察官学院学报》2019 年第 2 期。

杨东：《"共票"：区块链治理新维度》，《东方法学》2019 年第 3 期。

杨东：《互联网金融的法律规制——基于信息工具的视角》，《中国社会科学》2015 年第 4 期。

杨东：《互联网金融风险规制路径》，《中国法学》2015 年第 3 期。

杨东：《监管科技：金融科技的监管挑战与维度建构》，《中国社会科学》2018 年第 5 期。

杨东：《论金融消费者概念界定》，《法学家》2014 年第 5 期

杨为程：《证券交易中"买者自负"原则的检讨与反思》，《江汉论坛》2015 年第 4 期。

姚佳：《"金融消费者"概念检讨——基于理论与实践的双重坐标》，《法学》2017 年第 10 期。

应飞虎：《权利倾斜性配置研究》，《中国社会科学》2006 年第 3 期。

俞达等：《金融素质教育的国际经验》，《中国金融》2014 年第 10 期。

袁康：《主体能力视角下金融公平的法律实现路径》，《现代法学》2018 年第 3 期。

张继红：《论我国金融消费者信息权保护的立法完善——基于大数据时代金融信息流动的负面风险分析》，《法学论坛》2016 年第 6 期。

张冀、于梦迪、曹杨：《金融素养与中国家庭金融脆弱性》，《吉林大学社会科学学报》2020 年第 4 期

张冀、于梦迪、曹杨：《金融素养与中国家庭脆弱性》，《吉林大学社会科学学报》2020 年第 4 期

张军：《债券市场改革与投资者风险意识研究——来自公司债券发行定价的证据》，《证券市场导报》2021 年第 1 期。

张腾文等：《金融知识、投资经验与权利能力》，《当代经济科学》2017 年第 6 期。

张晓玫等：《普惠金融对家庭金融资产选择的影响及机制分析》，《当代财经》2020 年第 1 期

张艳:《个人投资者的保护逻辑与新时代的路径选择——以金融产品销售为例》,《当代法学》2019 年第 1 期。

张艳:《现金贷消费者保护的范式转换及制度构建》,《法学》2019 年第 6 期

张正鑫、赵岳:《央行探索法定数字货币的国际经验》,《中国金融》2016 年第 17 期。

赵煊:《认知偏误对金融消费者保护的影响——以零售金融产品为例》,《经济研究》2011 年增 1 期。

中国金融业"公平对待消费者"课题组:《英国金融消费者保护与教育实践及对我国的启示》,《中国金融》2010 年第 12 期。

中国人民银行中关村国家自主创新示范区中心支行课题组、李玉秀:《互联网消费金融对传统消费金融:冲击与竞合》,《南方金融》2016 年第 12 期。

周小川:《普及金融教育 提高国民金融素养》,《中国金融》2007 年第 3 期。

朱琳:《大学生消费信贷的互联网衍生及其规制逻辑》,《金融发展研究》2016 年第 7 期。

朱琳:《校园金融市场的法律治理——基于主体能力视角》,《经济法论坛》2019 年第 2 期。

朱民武、曾力、何淑兰:《普惠金融发展的路径思考——基于金融伦理与互联网金融视角》,《现代经济探讨》2015 年第 1 期。

朱涛、钱锐、李苏南:《金融素养与教育水平对家庭金融行为影响的实证研究》,《金融纵横》2015 年第 5 期。

左曜洲、单德朋:《金融素养与养老决策:基于城镇居民退休前后的微观证据》,《金融理论与实践》2020 年第 5 期。

（三）其他类

王华庆:《开展金融知识普及活动提升消费者金融素养》,《金融时报》2013 年 8 月 26 日。

姜业庆:《大学生信贷数据空白折射市场尴尬》,《中国经济时报》2014 年 9 月 25 日。

中国区块链技术和产业发展论坛:《中国区块链技术和应用发展白皮书（2016）》,2016 年 10 月。

李一陵：《一些"校园贷"把大学生引入火炕》，《中国青年报》2016年10月20日。

钱箐旎：《47家互联网平台退出 校园贷市场"退烧"》，《经济日报》2017年3月23日。

欧阳：《校园贷：开"正门"斩"黑手"》，《人民日报》2017年5月8日。

《我国大学生消费市场超4000亿元 校园金融"纷扰"中前行》，2018年1月，中国证券网，www. cs. com. cn/xwzx/201801/t20180118_5672886. html。

孙国峰：《RegTech是科技与监管的有机结合》，2018年1月1日，http：//bank. jrj. com. cn/2017/06/19120222625847. shtml。

于德良：《为校园金融"开正门"各大银行积极备战开学季》，《证券日报》2018年3月3日。

中国人民银行武汉分行：《多管齐下撑起金融消费者权益保护伞》，2018年12月，中国人民银行武汉分行官方网站，http://wuhan.pbc.gov. cn/wuhan/123470/3681947/index. html。

《我国证券投资者教育的效率分析与制度建构》课题组：《中国投资者教育现状调查报告（2018）》，《证券时报》2019年3月7日。

中国证券监督管理委员会：《关于在上海证券交易所设立科创板并试点注册制的实施意见》，2019年6月27日，http：//www. csrc. gov. cn/pub/newsite/flb/flfg/bmgf/fx/sf/201906/t20190627_358169. html。

中国人民银行金融消费者权益保护局：《2019年消费者金融素养调查简要报告》，2019年7月31日，http：//www. pbc. gov. cn/goutongjiaoliu/113456/113469/3868040/2019073114161561283. pdf。

中国证券投资者保护基金有限责任公司：《2019年度全国股票市场投资者状况调查报告》，2020年3月28日，http：//finance. sipf. com. cn/finance/app/page/detail/dryw？a_id＝e728998bfc4b46f 3ac9c3d61c18632e7&m_id＝3。

中国银行股份有限公司：《中国银行关于原油宝业务情况的说明》，2020年4月22日，中国银行官网，https：//www. bankofchina. com/fimarkets/bi2/202004/t20200422_17781867. html。

张钦昱：《证券法用系统性思维完善投资者保护制度》，《证券日报》

2020 年 4 月 30 日。

刘琪：《全国人大代表杨小平：尽快推动制定〈中国金融教育国家战略〉》，2020 年 5 月，https：//baijiahao. baidu. com/s？id = 1667574782893621884&wfr = spider&for = pc。

杨宇非：《适当性制度不等于对投资者提供"家长式"保护》，《中国证券报》2020 年 6 月 3 日。

《央行确认"花呗""京东白条"均纳入征信系统》，2020 年 8 月，https：//baijiahao. baidu. com/s？id = 1674728533677046259&wfr = spider&for = pc。

中华人民共和国教育部：《特殊就业季，这 874 万人的就业解决了吗？——2020 届高校毕业生就业形势观察》，2020 年 9 月，http：//www. moe. gov. cn/fbh/live/2020/52511/mtbd/202009/t20200929_492339.html。

中国结算网：《本月投资者情况统计表》，2021 年 8 月，http：//www. chinaclear. cn/zdjs/tjyb2/center_tjbg. shtml。

中国人民银行金融消费权益保护局：《消费者金融素养调查分析报告（2021）》，《金融时报》2021 年 9 月 6 日。

央行：《金融科技是弥合数字鸿沟、解决发展不平衡不充分问题的重要手段》，2021 年 9 月 10 日，https：//baijiahao.baidu.com/s？id = 1710497901006649925&wfr = spider&for = pc。

中国信息通信研究院：《中国金融科技生态白皮书》，2021 年 10 月。

二　外文类

（一）论文类

Annamaria Lusard, Olivia Mitchell, "The Economic Importance of Financial Literacy：Theory and Evidence", *Journal of Economic Literature*, 2014.

Annamarla Lusardi, Olivia Mitchell, "The Economic Importance of Financial Literacy：Theory and Evidence", *Journal of Economic Literature*, Vol. 52, No. 1, 2014.

Antonia Grohmann, Theres Klühs, Lukas Menkhoff, "Does Financial Literacy Improve Financial Inclusion? ——Cross Country Evidence", *World Development*, Vol. 111, No. C, November 2018.

Asta Zokaityte, "Financial Literacy and Numeracy of Consumers and Retail

Investors", *Capital Markets Law Journal*, Vol. 11, No. 3, 2016.

Black, Barbara, "Behavioral Economics and Investor Protection: Reasonable Investors, Efficient Markets", *Loyola University Chicago Law Journal*, Vol. 44, No. 5, Summer 2013.

Blue L. E., Grootenboer P., "A Praxis Approach to Financial Literacy Education", *Journal of Curriculum Studies*, Vol. 51, 2019.

Cavanaugh, Afton, "Rich Dad vs. Poor Dad: Why Leaving Financial Education to Parents Breeds Financial Inequality & Economic Instability", *Children's Legal Rights Journal*, Vol. 34, No. 1, 2013.

Chris Brummer and Yesha Yadav, "Fintech and the Innovation Trilemma", *Georgetown Law Journal*, Vol. 107, No. 2, January 2019.

Christopher K., Odinet, "Consumer Bitcredit and Fintech Lending", *Alabama Law Review*, Vol. 69, No. 4, 2018.

Daniel J. Benjamin and Sebastian A. Brown and Jesse M. Shapiro, "Who is 'Behavioral'? Cognitive Ability and Anomalous Preferences", *Journal of the European Economic Association*, Vol. 6, No. 6, 2013.

Dans, S. M., "Parental perceptions of children's financial socialization", *Journal of Financial Counseling and Planning*, Vol. 5, No. 1, 1994.

Darriet E., Guille M., Vergnaud J., Shimizu M., "Money Illusion, Financial Literacy and Numeracy: Experimental Evidence", *Journal of Economic Psychology*, Vol. 76, 2020.

Elizabeth Howlett, Jeremy Kees, Elyria Kemp, "The Role of Self-Regulation, Future Orientation, and Financial Knowledge in Long-term Financial Decisions", *Journal of Consumer Affairs*, Vol. 42, No. 2, Summer 2008.

Engelbrecht, L. K., "Financial literacy education: A social work poverty alleviation tool?", *Pan-African Social Work Conference*, Kampala: Uganda, 2007.

Fox, Lynn, Hoffmann, Joy, Welch, Carolyn, "Federal Reserve Personal Financial Education Initiatives", *Federal Reserve Bulletin*, Vol. 90, No. 4, 2004.

Gallery G., Gallery N., "Rethinking Financial Literacy in the Aftermath of the Global Financial Crisis", *Panoeconomicus*, Vol. 19, 2010.

Georgios Panos, "John Wilson, Financial Literacy and Responsible Finance in the FinTech Era: Capabilities and Challenges", *The European Journal of Finance*, Vol. 26, No. 4-5, 2020.

Gerry Gallety, Natalie Gallery, "Rethinking Financial Literacy in the Aftermath of the Global Financial Crisis", *Griffith Law Review*, Vol. 19, No. 1, 2010.

Goyette, Lauren, "Education Connection: Financial Education Leads to Better Financial Decisions", *Children's Legal Rights Journal*, Vol. 34, No. 1, 2013.

Henriette Prast, Arthur Soest, "Financial literacy and preparation for retirement", *Intereconomics*, Vol. 51 No. 3, 2016.

Jin M. and Yuan Y., "Financial Literacy Research in China: The Progress and the Role of Social Work", *Journal of Sociology & Social Welfare*, Vol. 46, 2019.

John L. Douglas, "New Wine into Old Bottles: Fintech Meets the Bank Regulatory World", *North Carolina Banking Institute*, Vol. 22, No. 20, 2016.

Kefela G., "Implications of Financial Literacy in Developing Countries", *African Journal of Business Management*, Vol. 5, 2011.

Lauren Willis, "Against Financial-Literacy Education", *Iowa Law Review*, Vol. 94, No. 1, 2008.

Leora Klapper, Annamaria Lusardi, "Financial Literacy and Financial Resilience: Evidence from Around the World", *Financial Management*, Vol. 49, No. 3, 2020.

Milo Bianchi, "Financial Literacy and Portfolio Dynamics", *The Journal of Finance*, Vol. 73, No. 2, 2018.

Niamh Moloney, "Regulating the Retail Markets: Law, Policy, and the Financial Crisis", *Current Legal Problems*, Vol. 63, No. 1, 2010.

Oliver Williams, Stephen Satchell, "Social Welfare Issues of Financial Literacy and Their Implications for Regulation", *Journal of Regulatory Economics*, Vol. 40, 2011, p. 5.

Oliver Williams, Stephen Satchell, "Social Welfare Issues of Financial Literacy and Their Implications for Regulation", *Journal of Regulatory Economics*,

Vol. 40, No. 1, 2011.

Oscar Stolper, Andreas Walter, "Financial Literacy, Financial Advice, and Financial Behavior", *Journal of Business Economics*, Vol. 87, No. 5, 2017.

Sandra Braunstein, Carolyn Welch, "Financial literacy: an overview of practice, research, and policy", *Federal Reserve Bulletin*, Vol. 88 Issue 11, 2002.

Schickel K., "Financial Literacy Education: Simple Solutions to Mitigate a Major Crisis", *Journal of Law & Education*, Vol. 45, 2016.

Shayak Sarka, "Consumer Expectations and Consumer Protection", *The George Washington Low Review*, Vol. 88, No. 4, 2020.

Susan Block-Lieb, "Cities as a Source of Consumers, Financial Empowerment", *Emory Bankruptcy Developments Journal*, Vol. 34, No. 2, 2018.

Toni Williams, "Empowerment of Whom and for What? Financial Literacy Education and the New Regulation of Consumer Financial Services", *Law and Policy*, Vol. 29, No. 2, April 2007.

Vanessa Mak, Jurgen Braspenning, "Errare humanum est: Financial Literacy in European Consumer Credit Law", *Journal of Consumer Policy*, Vol. 35, No. 3, 2012.

Vanessa Mak, "The Myth of the Empowered Consumer: Lessons from Financial Literacy Studies", *Journal of European Consumer and Market Law*, Vol. 1, 2012.

William Gale, Benjamin Harris, Ruth Levine, "Raising Household Saving: Does Financial Education Work?", *Social Security Bulletin*, Vol. 72, No. 2, 2012.

William Magnuson, "Regulating Fintech", *Vanderbilt Law Review*, Vol. 71, No. 4, May 2018

Willis L. E., "Evidence and Ideology in Assessing the Effectiveness of Financial Literacy Education", *San Diego Law Review*, Vol. 46, 2009.

Wood, Kathryn A., "Credit Card Accountability, Responsibility and Disclosure Act of 2009: Protecting Young Consumers or Impinging on their Financial Freedom", *Brooklyn Journal of Corporate, Financial & Commercial Law*,

Vol. 5, No. 1, 2010.

(二) 国外组织报告

Anne-Francoise Lefevre, *Michael Chapman*, *Behavioural Economics and Financial Consumer Protection*, OECD Working Papers on Finance, Insurance and Private Pensions No. 42, 2017, OECD, https：//dx. doi. org/10. 1787/0c8685b2-en.

Erta, Kristine, Iscenko, Zanna, Hunt, Stefan and Brambley, Will, *Applying Behavioural Economics at the Financial Conduct Authority*, 2013, UK Financial Conduct Authority.

G20, *High-level Principles on Financial Consumer Protection*, OECD, October 2011, https：//www. oecd. org/finance/financial - education/g20 - oecd-task-force-financial-consumer-protection. htm#.

G20, *High-level Principles for Digital Financial Inclusion*, GPFI, July, 2016.

G20/OECD, *Policy Guidance on Digitalisation and Financial Literacy*, 2018, OECD, http：//www. oecd. org/daf/fin/financial - education/G20 - OECD-INFE-Policy-Guidance-Digitalisation-Financial-Literacy-2018. pdf.

G20/OECD, *Report on Adult Financial Literacy in G20 Countries*, July 8, 2017, OECD, http：//www. oecd. org/daf/fin/financial - education/G20 - OECD-INFE-report-adult-financial-literacy-in-G20-countries. pdf.

IOSCO, *Objectives and Principles of Securities Regulation*, Feb. 8, 2008, IOSCO, https：//www. iosco. org/library/pubdocs/pdf/IOSCO PD23. pdf.

Mylenko, Nataliya, *Global Survey on Consumer Protection and Financial Literacy：Oversight Frameworks and Practices in 114 Economies-full Report*, Jan. 1, 2013, World Bank Group, http：//documents. worldbank. org/curated/en/775401468171251449/Oversight-frameworks-and-practices-in-114-economies-full-report.

OECD & G20, *Advancing National Strategies for Financial Education*, Sept. 5, 2013, OECD, http：//www. oecd. org/finance/financial - education/G20_OECD_NSFinancialEducation. pdf.

OECD & INFE, *Core Competencies Framework on Financial Literacy for Youth*, Nov16, 2015, OECD, https：//www. oecd. org/daf/fin/financial-education/Core-Competencies-Framework-Youth. pdf.

OECD, *Advancing National Strategies for Financial Education*, OECD, http：//www. oecd. org/finance/financial - education/G20 _ OECD _ NSFinancialEducation. pdf.

OECD, *High-level Principles on National Strategies for Financial Education*, OECD, http：//www. oecd. org/daf/fin/financial-education/OECD-INFE-Principles-National-Strategies-Financial-Education. pdf.

OECD, *Improving Financial Literacy：Analysis of Issues and Policies*, OECD Publishing, 2005, p. 11.

OECD, *National Strategies for Financial Education OECD/INFE Policy Handbook*, Nov. 16 2015, OECD, http：//www. oecd. org/daf/fin/financial-education/National-Strategies-Financial-Education-Policy-Handbook. pdf.

OECD, *PISA 2012 Assessment and Analytical Framework：Mathematics, Reading, Science, Problem Solving and Financial Literacy*, OECD Publishing, 2013.

OECD, *Policy Guidance on Digitalisation and Financial Literacy*, 2018, OECD, http：//www. oecd. org/daf/fin/financial-education/G20-OECD-INFE-Policy-Guidance-Digitalisation-Financial-Literacy-2018. pdf.

OECD, *Recommendation on Principles and Good Practices for Financial Education and Awareness*, July, 2005, http：//www. oecd. org/daf/fin/financial-education/35108560. pdf.

OECD, *Report on Financial Education in APEC Economies：Policy and Practice in a Digital World*, Oct. 28, 2019, OECD, http：//www. oecd. org/finance/financial - education/2019 - financial - education - in - apec - economies. pdf.

OECD, *Toolkit for Measuring Financial Literacy and Financial Inclusion*, March, 2015, OECD, http：//www. oecd. org/daf/fin/financial - education/2015_OECD_INFE_Toolkit_Measuring_Financial_Literacy. pdf.

The World Bank, *Financial Education Programs and Strategies：Approaches and Available Resources*, Jan, 2014, World Bank Group, https：//documents1. worldbank. org/curated/en/901211472719528753/pdf/108104 - BRI - FinancialEducationProgramsandStrategies-PUBLIC. pdf.

World Bank, *Global Mapping of Financial Consumer Protection and Financial Literacy Initiatives*, http：//documents. worldbank. org/curated/en/946511 472717353466/pdf/108111 – WP – P123485 – PUBLIC. pdf, 2005 – 09 – 01/ 2020-03-29.

World Bank, *Measuring Financial Capability and the Effectiveness of Financial Education: Overview of the World Bank Trust Fund Supported by the Russian Federation (English)*, 2012, Financial Literacy and Education Russia Trust Fund, Washington, DC：World Bank, http：//documents. worldbank. org/ curated/en/261411468332944255/Measuring–financial – capability – and – the – effectiveness–of–financial – education – overview – of – the – World – Bank – Trust – Fund–supported–by–the–Russian–Federation.

（三）其他类

Arthur C., *Financial Literacy Education: Neoliberalism, the Consumer and the Citizen*, The Netherlands：Sense Publishers, 2012.

Statista, *Robo Advisor*, https：//www. statista. com/outlook/337/100/robo–advisors/worldwide, 2019–3–26.

后　记

　　金融消费者保护是 2008 年国际金融危机治理的重要"制度遗产"。十余年来，金融消费者保护的制度发展遍及金融发展理念更新、金融法律规则调整以及金融监管体制改革领域。在与金融消费者保护的"纠葛"中，金融素养培育逐渐成为金融市场主体赋能的一股"清流"：借助金融消费者保护"大刀阔斧"的制度衍生，金融素养培育具有更加充分的制度依据与权利通道；不同于金融消费者保护的"运动式发展"，金融素养培育在制度起因、发展模式中更加突显个性化特征。从早期金融知识的校园传播，到近期金融能力的社会认同，以金融教育国家战略为依托，在经合组织、世界银行等国际组织的推动下，金融素养培育逐渐成为金融市场主体赋能的重要工具。诚然，金融素养培育的制度拓展也面临理论有效性、手段空洞化以及目标随机化的可持续困境，但法律实现机制之构建有望为金融素养培育划定制度变迁轨道：从现实问题来看，校园金融、养老金融等传统金融排斥领域的问题迭出更加反映出"预防性"金融消费者保护之必要；从制度变迁来看，金融素养培育有望在"买者自负"与"卖者尽责"之间搭起制度衔接桥梁，丰富我国投资者保护的制度构想；从制度趋势来看，着眼数字经济时代的科技创新融合，金融市场产品与服务的多元化发展客观上提高了市场主体的素养要求，市场主体素养的普遍性提升是深化金融发展、实现"金融与好的社会"愿景的基础性制度措施。

　　本书为教育部人文社会科学研究青年基金项目"消费者权利视阈下金融素养的法律实现机制研究"的结项成果。本书思路框架与主体内容由项目负责人刘乃梁拟定完成，潘海纳、林沛沛、宋思学辅助完成第三、四、六章的写作，韩玥、叶鑫辅助完成本书的格式校对，黄苇、伍俊豪辅助完成本书外文资料的翻译。